农民直播销售员

——从入门到精通

林思勉　彭　强　陈　端　主编

农村设物出版社
中国农业出版社
北　京

图书在版编目（CIP）数据

农民直播销售员：从入门到精通 / 林思勉，彭强，陈端主编．—北京：农村读物出版社，2022.4（2025.1 重印）
（乡村振兴新农人新技能培训丛书）
ISBN 978-7-5048-5830-6

Ⅰ.①农… Ⅱ.①林… ②彭… ③陈… Ⅲ.①农产品—网络营销—技术培训—教材 Ⅳ.①F724.72

中国版本图书馆 CIP 数据核字（2022）第 062442 号

农民直播销售员——从入门到精通
NONGMIN ZHIBO XIAOSHOUYUAN—CONG RUMEN DAO JINGTONG

农村读物出版社出版
地址：北京市朝阳区麦子店街 18 号楼
邮编：100125
责任编辑：马英连　张　志
版式设计：杨　婧　　责任校对：刘丽香
印刷：中农印务有限公司
版次：2022 年 5 月第 1 版
印次：2025 年 1 月北京第 9 次印刷
发行：新华书店北京发行所
开本：889mm×1194mm　1/32
印张：7.75
字数：260 千字
定价：35.00 元

编　委　会

新疆维吾尔族自治区阿勒泰市阿苇滩镇人民政府
中国民协乡村文化志愿服务中心
长三角健康峰会组委会
北京富硒农业科学研究院
中央财大数字经济融合创新发展中心
全国城市电视台产业发展联盟
数字经济联合创新实验室
湖北咸宁职业技术学院
北京市新媒体技师学院
河北省保定市涞水县乡村振兴局
四川战旗乡村振兴研究院
全经联中职惠福产业研究院
中职惠福企业管理发展（北京）有限公司
海口广电文化产业园有限公司
北京速途网络科技股份有限公司
村天文化会展集团（海南）有限公司
上海娱华文化传媒有限公司

主　编：

林思勉　南京村村播文化传播有限公司总经理
彭　强　中国国际经济技术合作促进会副秘书长兼
　　　　共同富裕推进工作委员会会长
陈　端　中央财大数字经济融合创新发展中心主任

副主编：

何程程　边中伟　赵　楠　季小小

序一

中国强，农业必须强；中国美，农村必须美；中国富，农民必须富。国家实施乡村振兴战略，促进农业产业兴旺和农民生活富裕，离不开“互联网 +”的赋能。2022年中央一号文件指出，推进电子商务进乡村，加快实施“互联网 +”农产品出村进城工程，推动建立长期稳定的产销对接关系，促进农副产品直播带货规范健康发展。

农民直播销售员的专业发展是农村电商可持续发展的关键，是农村电商核心竞争力的最集中体现。直播电商给“大众创业，万众创新”提供了一个有效的平台，对越来越多的新农人来说，手机是新农具，直播是新农活，消费者也享受到了农村直播电商带来的便捷高效、质优价廉等红利。农村直播电商行业在内容多样化、布局场景化、人才专业化、产品标准化等方面正在进行全方位升级，日益成为有效连接千家万户的生产者和消费者的重要桥梁。

从 2020 年新冠肺炎疫情爆发以来，农村直播电商凭借线上化、供需快速匹配等优势，成为统筹疫情防控和经济社会发展新的重要抓手。在万物皆可直播大势和乡村振兴步伐加快的双重作用下，政策的扶持与平台流量倾斜为农村直播电商注入了一剂发展兴奋剂。农村直播电商拉近了农民与市场的距离，使农村各类特色农产品卖得更远，卖得更好。同时，“直播带货”倒逼农民转变生产经营方式，有助于加速传统农业转型升级。未来农村直播电商的趋势会朝着优质化迈进，是从内容创作、场景化布局到专业化人才、标准化产品以及直播常态化的全方面择优式升级。

农村主播从业人群虽看似庞大，但真正具有直播专业知识与技能的主播少之又少，想要破圈，专业培训不可或缺。因为专业人才队伍的壮大关系到农产品流通、农民增收，有利于调整优化农产品结构以及健康发展农产品市场，更有利于缩小城乡差距，加快农村剩余劳动力转移，促进乡村电商产业发展。

乡村振兴，人才是关键，具备专业知识储备及应用的农民直播销售员将为乡村电商发展注入活力。本书正是为了完善新农人的培训体系，立足于实操，系统化梳理了农村直播销售员在实践中将遇到的问题，并提出了客观的解决方案。另外，本书用浅显的文字语言、生动的例证为农民直播销售员提供最佳参考。本书的及时出版，填补了农村直播销售参考书这一领域的空缺，将有效推动乡村电商的持续向好发展，为夯实电商兴村提供有力理论及实践支撑，助力乡村全面振兴。

中国广播电视社会组织联合会作为全国最大的广播电视行业的社会组织，将结合自身在广播电视和网络视听领域的资源优势，动员现有的15家全国性广播电视一级协(学)会、57个专业委员会等2000余家会员单位，充分发挥党和政府团结联系全国广播电视和网络视听的桥梁纽带作用，推进广播电视和网络视听参与直播电商产业的发展，助力乡村振兴和农民致富，努力为国家经济建设和社会进步作出应有贡献。

范卫平　中国广播电视社会组织联合会会长

序 二

2021年是“十四五”开局之年，也是我国全面建成小康社会，在现行标准下农村贫困人口实现全面脱贫后，全面实施乡村振兴的初始之年。2022年中央一号文件提出要接续全面推进乡村振兴，促进共同富裕。其中，共同富裕是社会主义的本质要求，是中国式现代化的重要特征，是我们百年大党接续奋斗的重大使命，意义重大、影响深远。

乡村振兴战略中以“五个振兴”为目标，制定了清晰明确的乡村振兴任务和路线图。其中，乡村振兴的首要任务是产业和人才振兴。作为一个以促进各界融通、协作，助力党和国家科教兴国战略、人才强国战略、乡村振兴发展战略等战略的落实，为解决好发展不平衡不充分问题发挥积极作用的现代化强国服务的全国性一级学会——中国国际经济技术合作促进会在2022年3月成立了中国国际经济技术合作促进会共同富裕推进工作委员会，并以服务乡村产业和人才振兴，推动乡村振兴进程，促进乡村产业振兴、事业健康稳定发展为服务宗旨，为乡村全面振兴加大作用力。

全面推进乡村振兴的关键是人才振兴，发现人才、重用人才、留住人才，方可为乡村振兴提供源源不断的动力。乡村直播电商的发展成为培养乡村网络人才的重要抓手，在有产业支撑的农村，能够留住农民在自己的家乡生活、创业、发展是关键，本书的出现，填补了农民直播销售员这一职业培训用书的空缺，能够有效地串联起农产品直播销售的全部技能，用简洁的语言加上案例，向农民普及直播相关知识，避免直播误区，将成为农民直播销售员的最佳参考图书。

2022年4月，中国国际经济技术合作促进会共同富裕推进工作委员会发布《农民直播销售员培训与技能评价规范团体标准》，为乡村直播人才培训提供有力支持，同时为乡村产业振兴加码助力。

培养、培训、发展农民直播销售员可谓乡村振兴的必要之举。直播电商作为新业态，既可以推销农副产品，帮助农民脱贫致富，拓展农村消费市场，又能促进人才回乡创业，带动乡村产业及文旅发展，在巩固脱贫成果的同时，大力助推乡村振兴。

杨春光　中国国际经济技术合作促进会理事长

序 三

习近平总书记强调，实施乡村振兴战略，要着力推动乡村产业振兴、人才振兴、文化振兴、生态振兴、组织振兴。近几年来，直播电商的发展已经成为助力乡村振兴发展的一股重要力量，以互联网营销师（直播销售员）为代表的新职业人才也正在蓬勃发展。直播电商是助力农特产品上行的一股重要力量，也是让农民、农村、农业链接城市用户的一个工具。在国家乡村振兴战略的部署下，在电信网络普遍服务、电子商务技术升级、用户购物习惯改变的驱动下，农民主播成为新职业，手机成为新农具，直播成为新农活。直播、短视频带动了新电商的消费升级，消费者对农产品的需求也因产品种类的增多而更具选择空间。消费者也成为从田间地头到餐桌客厅，从产地体验到产品直达的场景体验者和产品受益者。

2021 年 11 月 25 日，人力资源和社会保障部、中央网信办秘书局和国家广播电视总局办公厅正式向社会颁布了《互联网营销师国家职业技能标准》。我作为参编专家，从标准的起草修正、教材的编写到试卷的出题，都充分考虑到了农民直播、农村市场、农业产业的各种因素。“农民直播销售员”拉近了农民与市场的距离，借助信息技术赋能，实现一手牵农民、一手牵市民。农村直播电商将农业与第二、三产业融合，通过直播订单助力农产品上行，助推地方特色农业发展，促进农民增收、产业增效，激发地方经济活力。

本书内容全面，通俗易懂，是一本扎根田间、立于村头、源于实操、精于实战的教材。本书对这一垂直的商业形态进行了比较系统的梳理、总结，很多观点具有前瞻性、创新性。

对农民而言，这是一本专注于农民直播电商的书，也是农村直播电商的刚需教材，后疫情时代出版，恰逢其时。这本书涉及农民直播销售员的方方面面，既有对农村直播电商前瞻性的思考，又有对农民直播销售员实操的阐述，对于读者全面了解农村直播电商的兴起、现状、机遇与挑战，以及未来发展的趋势有较好的帮助，对农民直播的运营实践具有一定的指导性和实用性。

当然，书中有些观点还值得进一步实践和完善，但这不影响本书的完整性和系统性。“农民直播销售员”依然处于发展阶段，直播只是一种农民推动农产品销售的手段与路径，要想持久获得消费者的认同还需要提高产品的标准化并完善供应链，更需要完善农村直播电商的产业链和价值链。农民直播销售还需要更多的探索、创新和不同的观点，以此促进新农人、新职业、新模式、新业态的更广泛应用，推进农村电商和农民直播不断地完善和提升。

最后，我衷心地希望本书能够引起社会各界对互联网营销师“农民直播销售员”的重视，凝聚政府、行业、企业（平台）、媒体等各方的力量，加速推动“农民直播销售员”在县域农产品上行中发挥中坚力量。乡村振兴，农民是主体力量，培育新农人，推动农特产品上行，培养农村致富带头人讲好家乡和品牌故事，培训“农民直播销售员”，促进农民合作社和农业企业的营销，才能更好地支持农业创新和农产品的高质量发展，才能真正意义地实现“农业强、农村美、农民富”。

姚广辉　县学（北京）电子商务技术研究院院长

《互联网营销师国家职业技能标准》参编专家

目 录

第一章 农村直播电商的全新机遇

随着互联网的发展和5G的普及，农村直播电商基础设施逐渐完善，市场规模逐渐扩大，交易产品种类逐渐增加，产业链条也日益完整。同时，政策性扶持特色农产品项目，协调金融、财税、人才、资源等对农村直播电商的优惠扶持力度，也为直播电商行业在农村落地生根提供了有力支撑。

近年来，中国农村电商业务发展十分迅速，发展质量也在不断提升，国家统计局和商务部统计数据显示，2021年全国网上零售额13.09万亿元，其中农村网络零售额1.99万亿元，较2020年增长0.2万亿元，占全国网上零售额的15.2%。这标志着农村电商对提升产销对接精确度，避免农产品市场价格过大波动起着较大的作用，电商正成为乡村振兴不可或缺的组成部分。

图1–1

2020年7月，人社部联合市场监管总局等部门正式向社会发布新增“互联网营销师”等9个新职业和“直播销售员”等5个新工种，这也为多样化创业就业模式提供了有力支撑。

2021年11月，农业农村部发布《农业农村部关于拓展农业多种功能 促进乡村产业高质量发展的指导意见》，文件中明确指出：要做活做新农村电商，将培育农村电商主体作为首要任务，依托信息进村入户运营商、优质电商直播平台、直播机构和经纪公司，发展直播卖货、助农直播间、移动菜篮子等，培育农民直播销售员。

近几年，短视频与直播用户规模达到8亿+，互联网营销从业人员的数量以每月8.8%的速度迅速增长，激发出的成交额高达数千亿元。在直播销售员群体中，有一类垂直于农村直播电商的人群，他们身处农村，利用现代信息技术，运用网络的交互性、线上支付和快递物流的安全性及便捷性，对初级农产品、加工后农产品、农村手工艺品、农资类产品及农村消费类产品等进行多平台直播销售，他们被称为“农民直播销售员”，以农民为主体，呈现出巨大的发展潜力。

中国互联网络信息中心发布的第47次《中国互联网络发展状况统计报告》显示，2020年一季度，全国农产品网络零售额达936.8亿元，增长31%；其中电商直播超过400万场。由此不难看出，农村电子商务在接入短视频直播后，有了量的飞跃。

2020年2月，抖音“县长来直播”线上直播带货活动启动，实现总销售农产品1.23亿元，这其中，6 819万元收益来自贫困县。另外，快手在2021年初发布了《2020年快手三农生态报告》。数据显示，2020年三农创作者电商成交单数超过5 000万。

从帮助农民增收方面来看，农民直播销售员作为农业生产和市场需求之间的纽带，利用自身的销售能力将农产品推销出去，持续有效地帮助农民增收。从促进就业方面来看，农民直播销售员这一职业带动了农民就业，减少了农村外出务工人员数量，提升了乡村活力。

农村直播电商也拉近了农民与市场、农产品与消费者之间的距离，各类特色农产品能被更多的消费者看见，因此卖得更远、卖得更好。未来农村短视频内容营销和直播电商的发展趋势，会朝着优质化迈进，从内容创作、场景化布局，到专业化人才、标准化产品以及直播常态化等方面进行全方位的升级。

一、内容创作优质化

随着短视频和直播“飞入寻常百姓家”，“土味”短视频内容就拥有了田野风光、劳作技能、乡村生活、乡村文化等鲜明的标签，并以真实、自然、有特色、不做作的短视频特点，引起了广大观众的强烈共鸣。

而直播电商的快速发展，促使其快速下沉，在乡村生活中得到了更多的应用与普及，不仅助力推动先进农业技术的广泛传播，丰富了农村和农民的文化生活，而且打破了农村地区普遍存在的信息壁垒，为乡村特色农副产品和乡村周边产品“走出去”，开辟了新的渠道。

农村短视频和直播电商的发展趋势之一，就是内容创作的优质化。丰富多样、日趋完善的内容电商生态，让用户对视频电商和直播电商的接受程度越来越高，极大地扩大了用户规模和产品数量，沉淀了越来越多的忠诚用户。

优质的乡村内容，拍出清晰、美观的画面只是第一步，更要创作出能吸引目标观众停留、观看、点击、下单的内容，要打造出能吸引目标用户的直播场景，能激发目标用户下单消费的欲望和意愿，所以，乡村短视频和直播电商从业者必须要掌握真正的本事。

乡村直播正处在快速发展、快速上升的阶段，吸引了越来越多有想法、有创意的人群和有专业媒体从业背景的从业者加入。与此同时，各大短视频平台也在快速进化和发展，从内容的多样性到内容的品质，开始了优胜劣汰、从量到质的竞争和筛选过程。所以，想把握住短视频和直播电商的机会，农民直播销售员就更要努力学习，完善自身关于短视频和直播电商的知识结构，找准自身定位，强化内容输入和输出，从而释放农村短视频和直播电商的能量，成就更好的商业价值。这一点，无论是对农村直播电商的从业者，还是对农村直播电商行业的发展，都有着巨大的促进作用。

二、直播电商场景化

在万物皆可直播的当下，场景化直播可以极大地提高观众的代入感，让观众在一个故事、一个情景中产生共鸣，从而增强与用户之间的情感连接，提高农产品的转化效率。作为有效连接主播与消费者的关键要素，直播场景的优化，已成为直播电商发展的必然之路。

直播电商的场景化，是针对目标观众和账号定位来设定特定的情境，作为直播的背景环境，通过环境、氛围的烘托，主播话术的配合，用相应的产品和服务，激发观众的情感共鸣，产生购买的欲望和下单消费行为。

乡村生活的最大特点，就是贴近自然、原生态，这个特点会给农村直播电商插上一对腾飞的翅膀，使得农村的短视频和直播场景不需要过多的搭建，就能吸引观众的注意力，满足观众的感官需求和心理愿望，从而产生销售收益。

因此，农村短视频和直播电商，首先需要提前规划好拍摄和直播的场景。观众更容易接受户外、果园、田野等乡村生活的真实场景，所以打造一个激发观众亲近自然的场景，就能引发观众的融入感，让短视频带货和直播带货更加真实可信。这会比其他类型的主播，坐在直播间里、坐在家中的直播场景更具人气，也更容易促成订单。

其次要考虑搭建与目标消费者生活相关联的场景。在搭建直播场景时，场景的选择可以与消费者的日常工作生活相关联，这样更能引发用户的共鸣。因此，要提前对消费者群体进行分析，打造与目标客户群体心理调性一致的使用场景，增加消费者的喜爱度。

最后是积极创新，不断打造出新奇、多元的短视频和直播场景。如果一直使用一个场景，就会让内容显得过于单调，不能引发粉丝的新奇感。因此农村短视频和直播电商可以利用城市人群见不到的、得天独厚的自然风景，刺激观众和粉丝对新鲜事物的探索欲，从而对短视频带货产品和直播带货产品产生浓厚的兴趣，进而下单购买。

农村短视频和直播电商要摒弃传统的、简单的“情感套路+限时优惠”直播销售方式，将农产品直播间搬到果树下、菜地里、田野间、山林里、池塘边、养殖场内等广阔的农村天地间，搬到一切有可能促使观众下单的地方，将观众体验和消费者体验提升到极致。让场景变成带货的一部分，让用户在爱上产品的同时，满足感官的体验，短视频带货和直播销售才有可能走得更稳，走得更远，具有更强大的市场竞争力。

三、直播人才专业化

在短视频和直播电商快速发展的时代背景下，整个行业都缺乏优秀的人才。作为发展农村直播电商的核心环节，农村直播电商也同样面临着专业人才缺失的困境。农村直播电商的入门门槛低，大批的农民和返乡人员走向了直播销售的新职业，但是，因为缺少足够的知识储备、系统的知识结构以及专业的短视频制作和直播带货技能，使得很多农民直播销售员的农村直播电商创业之路陷入了发展的瓶颈。因此加大对短视频带货专业人才和直播电商专业人才的培训，是未来农村直播电商的发展动力，也是已经呈现出来的一大趋势。

通过培训，真正提升农民短视频创作者和农民主播的综合素质，使其成为农村直播电商的“五懂新农人”（即懂历史国情、懂乡村振兴、懂口语表达、懂短视频、懂直播带货）。这对于农民个体来说，农民直播销售员通过合法经营和直播电商可以带动农产品销售，带动农村周边产业发展，帮助农民改善生活。对于宏观社会而言，农民直播销售员可以统筹城乡经济和社会的协调发展，对全面建设小康社会具有现实而深远的意义。

培训直播专业人才，可重点从以下两方面着手。一方面，开展多渠道、多形式的技能培训。依托专业化培训机构和农村电商服务站，开设实操平台、村头讲堂等，邀请农村电商专家、主播达人开展以实训为主的培训，向农村直播电商从业者传授短视频带货和直播电商带货知识，提高直播电商的营销技巧，孵化优秀的农民主播，打造地域性乃至全国性的农产品网红品牌。

另一方面，发挥带头人效应，带动农村直播电商人才素质提升。以“先红”带“后红”的方式，以本地网红主播为首，开展助农直播销售等活动，培养本地直播电商的领军人才，讲好农产品的品牌故事，展示直播电商收益，充分调动农民“触网”积极性，形成发展农村直播电商的良好氛围。

人才振兴是乡村振兴的基础，农村直播电商要发展，离不开农村人才队伍的建设。培育更多的农村电商人才，推动农村发展、农业增收、农民致富，让一个个优秀的农村直播电商人才扎根在各方的乡村热土上，农村电商产业和农村经济将会结出丰硕而喜人的成果。

四、农副产品标准化

农副产品标准化在推动农村电商产业化、促进农民就业致富上成效明显，但依然存在一定的瓶颈。因此，在农村直播电商的不同发展阶段，按照产业的实际情况与农产品种植与流通过程，按照品牌营销的模式，制定符合地域和产品诉求的标准化方案，规定产品标准化采购与包装办法，不断适应团体标准的有关要求，也是农村直播电商的发展趋势之一。

农产品作为一种非标准化品，其特殊之处在于每个人的口感偏好和心理预期都有所差异，而这个问题放到线上，就会被放大，口味、外观等各种不一致的问题就上升到了质量不过关的判定，进而影响用户体验，导致用户流失，因此，农村直播电商的发展将促进农产品标准化的进程。

首先，建设标准化养殖、种植基地，扩大规模，制定生产标准和规范化养殖流程，确保质量可控。然后建立农产品物流追溯信息管理平台，对农产品生产和流通过程中所有应公开的信息，实现全程跟踪。

其次，在产品包装上实现“一乡一品”基础术语标准化，要让个体产品拥有产地特征，从包装上形成产地乡村文化输出。包括快递包装实现标准化，让消费者拥有良好的购物体验，从而促进持续地复购。

最后，是技术标准化。技术标准化关系到产品采后处理，包括采收、分选、清洗、储存保鲜等技术要求，产品运输形态说明、防损、防病虫等技术规范等，确保每一份产品从采摘、收获到消费者手中，整个链条的标准化，避免因技术标准化不达标而出现退单等问题，也避免因退单影响本地特产的销售量。

加大农产品电商标准实施，提高农产品电商标准化意识，开展农产品直播电商标准化试点，总结推广试点示范成功经验，强化农产品电商标准的推广应用，做好后端保障，是农村直播电商未来发展的重点内容。

五、直播带货常态化

农村电商直播会常态化，避免“一锤子买卖”，当农村直播电商越来越接近常态的时候，保证产品、供应、服务才是重中之重。

直播只是一种销售手段与路径，如果没有完善的农村直播电商产业链，一切就只能是镜中花水中月。2021年中央一号文件提出，要依托乡村特色优势资源，打造农业全产业链，把产业链主体留在县城，让农民更多分享产业增值收益。通过直播，利用场景、导购、声光电等手段，全方位推介、展示销售地域内的产品，以农产品优质品牌为牵引，建立标准，展示、交易、拓展现有品牌产品销售渠道，引导、创建、合作品牌农产品，推动农业生产的标准化、品牌化、生态化，打造优质农产品供应链基地。

在供应链基地内设立完善的农村电商人才培训体系，吸引领先的直播电商运营团队，再加上优惠的政策以及良好的营商环境，吸引更多的农产品直播电商创业项目、创业机构以及创业团队入驻园区，实现新农民新业态创业创新的深度融合和良性互动。通过探索直播电商发展的新模式，搭建电商直播技能提升平台、农产品展销平台、交流合作平台，结合线下场馆增强体验效果，倡导电商平台与农产品供应链以积极健康的网络直播方式，更好地支持农产品出村进城和直播常态化发展。

第二章 农民直播销售员的三大优势

直播带货这一新兴的商业模式出现后，不仅让农产品和农产品生产者直面目标客户群体，让消费者快速了解农产品的全面信息，而且打破了农产品的地域性限制，弥补了农产品传统线下消费的局限和不足，提高了农产品的知名度，为农产品扩展了更加广泛的消费群体，从而让优质的特色农产品在较短的时间内，以较低的销售成本，获取较高的订单量和较好的利润空间，解决了农产品销售难的问题，进而全方位促进农民增收，为推动农村经济发展创造了有利条件。

农民变主播，手机变农具，直播变农活，成为新时代的乡村发展模式之一。从农村人口占有份额和市场规模来看，2021年农村居住人口为5.09亿人，农村居民人均消费支出1.59万元，合计农村消费支出总规模可达8万亿（数据来源：国家统计局）。

从消费者角度看，农村直播电商具有两点好处：一是给消费者带来了便利，随着短视频直播镜头动几下手指，就可以让原本距离千里的农产品从原产地直接发往自家；二是可追溯产品源，直播电商开启了产品与生产者直接对接的模式，让农产品的质量和安全性更具保证，消费者还可以通过观看直播时的感受和直播点评对农产品进行购买参照。

农村直播电商的发展，在乡村人才培养和打造地域公用品牌方面，也具有积极的意义。从人才方面来讲，农村直播电商促使原本远离家乡到外地务工的农民回归家乡、建设家乡，并对家乡产生归属感和自豪感，在接受直播电商相关的技能培训后，能够更好地运用直播电商致富，进而带动全村发展。从地域品牌建设方面来讲，直播电商对区域品牌传播路径有了更加多元的探索，成为品牌传播的拓展渠道和更为高效的传播策略，会带动整个区域农产品销售额的增加，提升农民收入，进而成为农村发展集群化产业、拉动消费需求、促进经济增长的一种重要且可行的举措。

一、场景优势

场景优势一直是农村发展直播电商的一大要因。用直播镜头展示田间地头、果园林间、家畜饲养基地、采摘包装等，让原本因渠道受限而容易滞销的特色农产品有机会成为“爆单”。观众直接看到动植物的生长、农民劳动的状况，有更多的参与感。农村、农场的自然环境好，绿水青山，往往一张随手拍的照片，一张田园生活图，一张云雾缭绕的山间小景图，就会在网上爆红。

例如，在广东省的一个小村里，一个小伙子在李子树下开直播，其独特的场景展示得到了消费者的认可。现场他展示了李子的生长状态、果实成熟度和特有的乡村风光，这些场景都会让观看直播的人感到真实、自然和吸引力，于是订单接踵而来；在万花风情小镇，几位年轻人在大棚里开直播，因其直播场景丰富，成功销售了大量的鲜花、多肉植物……

农村直播电商场景包含多方面，其中有些场景被人熟知，但有些场景还处于一个待开发的状态，未来的直播电商农村场景中会涉及生态、农产品生产场景、农村特有建筑、经营场面、基建系统、农村风俗文化、服务场景、邻里乡情等。

乡村是多元化的空间载体，乡土文化也成为直播电商场景展示的重点部分。其中包括乡村文艺演出、体育比赛等群众性文体活动，还包括民间艺人、能工巧匠、非遗传承人等，这是乡村视觉系统的体现，是乡村的新风尚，也是乡村的人文美。

除了以上根据乡村特点而创设的直播场景外，能够体现新时代农村样貌的场景也会得到观众的关注和喜爱。例如乡村健身房、超市、书店等，这些内容都会改变观众对乡村固有的印象，触发猎奇心态，增加直播黏性。

二、内容优势

农村短视频拍摄内容可以概括成真实、直白、带着乡村特有的“土味”，是农村老百姓日常生活的客观呈现。那些看似拍摄技术拙劣，但却真实、鲜活的视觉冲击，洗涤了都市人群的眼球，慰藉了城市人群的精神生活。

农村短视频和直播内容主要分为四类：乡村生活直播，包括乡村风俗、日常村务等；乡村正能量传播，主要展现新时代农民群众的乐观态度和不屈奋斗的精神；才艺展示，包括书法手绘、民歌演唱、民族乐器演奏、民族舞蹈等；农产品电商直播，主要是在电商平台展示农产品。

移动互联网时代，“土味”通过平台实现了生产者和消费者的一次隔空对话，也成为高速发展的农村短视频直播产业不可缺少的内容支撑。以下几项是农村短视频直播中常见的内容，有了这些内容的依托，配以精湛的拍摄技术以及精彩的故事脚本，避免同质化，才更具吸引力和价值。

1. 乡野。

可能是田间小路，也可能是山坡小河旁进行的各种活动，比如进山采摘野果山珍、野餐、徒步、钓鱼、户外放歌和风筝表演等。这些是目前在各大短视频直播平台上出现最多的内容。

2. 乡话。

一般来说这部分内容通常都是在室内进行，简单的解释就是内容中体现出村里的人和事情，利用乡音讲乡情，拉近区域观众的某种情感。

3. 农作。

通过拍摄农耕劳作内容，一方面可以展现乡村的生活方式以及农民在农耕劳作过程中的艰辛和快乐，另一方面可以满足许多儿时在农村生活的城市工作人群对于家乡的思念，以及对于农村生活的重温。农耕劳作的内容还可以让屏幕外的观众感受到每颗果实的结出都是不易的，从而愿意去购买产品。

4. 风情。

我国地大物博，不同地域的乡村有着不同的风俗人情，拍摄短视频直播的时候，将乡村的风俗作为主题，比如展现不同的节日风俗，特别是一些少数民族地区的节日以及各地特有的习俗，会带给人们探索乡村的意愿。

5. 垂钓赶海。

这一部分内容主要涉及当地有海、河的乡村。以到户外钓鱼、去海边赶海等为内容，通过镜头展现捕捉鱼虾、海货的过程。这类题材拥有特定的关注人群，且黏性极高。

6. 乡人。

乡村的重要组成部分是人，乡村短视频直播内容不能离开人。在短视频直播中体现一些农业项目，讲述老农人与新农人的故事，也会获得很多人的关注。农人讲述他们的故事，会在无形中传播一种乡村文化，让乡村变得更加生动，有血有肉。一些农村里不乏有些老的手艺人，在社会的急速发展下，传统手艺可能渐渐在走向消失，通过短视频直播内容对其挖掘，展现这些传统的手艺，会获得大量的关注，同时也有可能将这些传统手艺保留、传承下去。这是对乡村文化的保护，也是对乡村文化最好的输出。

7. 乡味。

乡村美味不同于城市菜肴，虽形式体现不够精致，却有着鲜美的自然味道，东西南北各地美食因地域环境不同而差异巨大，有些美食的食材受到季节、环境等限制，要现摘现做，尤其是有些食材要通过独特的烹饪技巧才得以成为美味，在制作佳肴的过程中，展示出的独特工序就会获得很多观众的喜欢。

8. 农技。

农业技术和知识也是一种农村短视频直播内容。农业技术领域的内容很广泛，每个农技人员都有着自己的知识经验积累与实践的方法，这极大满足了观众的好奇心理，优质的内容更能轻易获得关注。

农村短视频和直播内容覆盖乡村的方方面面，让新农人和新农村的生产生活有了更真实、更快捷、更多元的呈现。丰富的内容生态，是加速农业产业升级、助力乡村振兴的最新成果。

三、市场优势

和农产品传统的销售方式不同，直播带货作为一种新型高效的销售模式，可以促进农产品的直接销售，深入挖掘农村市场的内在潜力，推动农村经济的发展。

随着经济的发展，人们越来越重视农副产品的消费安全以及购买的便利性，农产品在短视频直播平台的发展下，开始了精准营销：让消费者可以切实地了解到自己购买的农产品，并能够直接与农户进行交易，提高了购买效率。

1.消费需求扩大。

2021年5月28日，中国农业大学智慧电商研究院和艾媒研究院联合发布《2021年中国农货新消费发展研究报告》，数据显示，中国农货正在进入规模化新消费阶段，2021年中国农产品网络零售额有望升至近8 000亿元。

通过短视频直播，“酒香也怕巷子深”的特产好货瞬间被推广到全国甚至全世界的观众眼中。对于消费者来说，短视频和直播带动了新的电商消费升级，消费者对农产品的需求也因农产品的直观展示而更具选择空间。

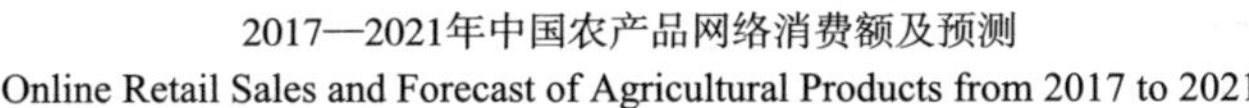

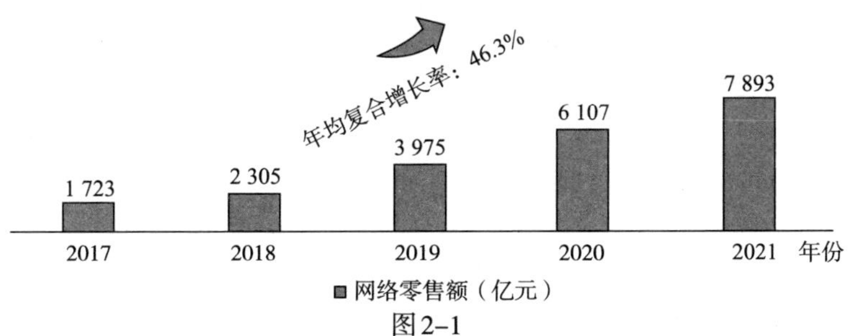

图2-1

资料来源：艾媒数据中心（data.iimedia.cn）

农产品属于高频低额消费品，具备高复购的特性，很适合做短视频和直播带货，农产品短视频和直播带货因为省掉了中间商环节，在价格上又给消费者提供了实惠，因此，相比传统电商，短视频直播电商更具有市场潜力。

2. 平台扶持力度加大。

2020年直播带货成为主流的电商购物形式，这种直播带货的方式也很快下沉到了中国的乡村市场，全国各地的农民开始从田间地头通过直播平台进行农产品的展示与销售，逐渐形成了农村直播电商庞大的主力军。这其中有政策的扶持，也有短视频直播平台的流量倾斜。

2020年8月4日，抖音宣布推出“新农人计划”，将投入总计12亿流量资源，从流量扶持、运营培训、变现指导等方面，全方位扶持“三农”内容创作。快手推出“三农快成长计划”，开放百亿流量，助力农业发展。除了直播电商平台的发力，传统电商阿里巴巴、京东、拼多多也加入了直播电商的行列。快手官方数据显示，截至2021年底，超过2 000万人在快手获得收入，其中60%来自全国中低线城市和农村。

3. 物流体系趋近完善。

随着互联网和电子商务的快速发展，电商物流在广大农村蓬勃兴起，有效带动了“农产品进城”。目前，邮政服务营业网点已经实现了乡镇全覆盖，快递服务乡镇网点覆盖率达到98%，快递直接投递到村的比重超过一半。2021年1—8月份，农村地区快递收投量已经超过280亿件，较上年同期增长30%以上，带动农产品进城和工业品下乡1.4万亿元。

2021年8月20日，国务院办公厅发布的《关于加快农村寄递物流体系建设的意见》指出，到2025年，基本形成开放惠民、集约共享、安全高效、双向畅通的农村寄递物流体系，实现乡乡有网点、村村有服务，农产品运得出、消费品进得去，农村寄递物流供给能力和服务质量显著提高，便民惠民寄递服务基本覆盖。

在健全的配送体系、优化物流协同发展和构建冷链寄递体系的三大作用力下，农村直播电商实现大踏步发展。

4. 充分利用农村“人多”的优势。

网络相关数据显示，中国有户籍的农民大约9亿，长期生活在农村的农民大约6亿，从事农业生产的农民有3亿。中国互联网络信息中心（CNNIC）发布的第48次《中国互联网络发展状况统计报告》显示，截至2021年6月，我国农村网民规模为2.97亿，农村地区互联网普及率为59.2%，较2020年12月提升3.3%，城乡互联网普及率进一步缩小至19.1%。

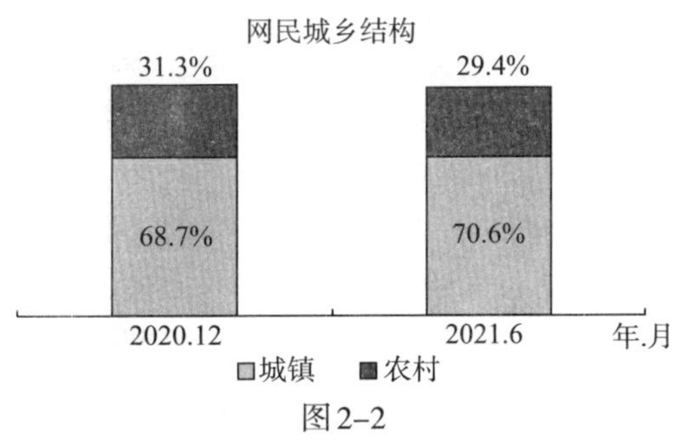

图2–2

来源：CNNIC中国互联网络发展统计调查

随着乡村直播的发展，大批的城市务工农民开始返乡，拿起手机通过短视频和直播创业，并带领本村或本县走上致富的道路。在城市人群的短视频和直播发展出现饱和的当下，越来越多的新农人正在通过短视频和直播的新形式，打破信息壁垒，与外部世界建立连接，这将势必开拓更多的可能性，从而推动乡村经济发展。

第三章 农民直播销售员如何选择平台

2021年8月27日，中国互联网络信息中心（CNNIC）发布的第48次《中国互联网络发展状况统计报告》指出，截至2021年6月，中国短视频用户规模为8.88亿，占网民整体的87.8%。在互联网发展的下半场，随着5G、人工智能等技术的发展，以及互联网平台的涌入与垂直领域应用的发展，视频直播用户规模呈继续扩大的趋势。

短视频，是指在各种新媒体平台上播放的、适合在移动状态和短时休闲状态下观看的、高频推送的视频内容，时长在几秒到几分钟不等。内容融合了幽默搞怪、时尚潮流、社会热点、街头采访、公益教育、广告创意、商业定制等主题。

短视频的特点是生产流程简单、制作门槛低、参与性强、碎片化、高效信息传播效率等，相比传统传播方式具有更高的传播价值。此外，短视频还具有较强的社交属性及场景便捷等特征。移动互联网给现代人带来的碎片化在不断增加，短视频的出现更加顺应时代的发展特点。

如果说2016年是短视频发展元年，那么2019年就被称之为直播井喷之年。互联网的直播1.0时代的代表是电脑端的秀场直播，以YY和六间房等网站为代表；由于网络游戏发展而产生的游戏直播被称为直播2.0时代，代表应用有虎牙、斗鱼等；此后映客、花椒等泛娱乐直播开启了直播3.0时代；之后直播进入了4.0时代，以抖音和快手为代表的移动互联网直播平台开始发力，并迅速让直播与电子商务链接，成为各行各业营销的重要方式之一，此称之为直播电商。

图3-1

移动互联网直播相比于传统媒体形式不仅表现形式丰富，而且在人、物、场的结合上更加连贯，且传播具有实时性的特点。因此，它能够给用户提供更好的用户体验，这也是其快速发展的根本原因。

从2017年开始，直播在进行了市场结构化调整、平台重塑后，逐渐实现了技术、内容、产品以及商业模式的创新。在渐渐形成了政策和技术监管服务体系之后，直播迎来了健康的经营环境。目前，移动互联网直播的特点主要体现在以下四点。

第一，行业发展迅速，规范逐步成型。直播正引领新的营销模式，“直播+”模式逐渐确立，涉及行业包括电商、公益、文化等内容，内容生产也从个人生产内容向专业内容过渡，并以其多样性、便捷性得到了用户的广泛使用，成为人们生活方式的重要组成部分。

第二，平台差异化显现。在经过了融合资源后，直播平台开始朝着专业和垂直的领域发展，其中涉及的领域有美妆、泛娱乐、游戏等。

第三，内容形式多样化。目前，直播内容日益多样化，原创内容持续增加，这也使得直播流量吸附力更强，受到粉丝、特定用户群的追捧。

第四，产业链日趋成熟。随着直播行业的快速发展，产业链日益完善，分工也开始明确，直接提高了行业经营效率。产业链中除了直播平台、内容提供商外，还出现了各类技术服务提供商，包括服务器、IDC加速服务商、大数据分析服务商等。

短视频直播的发展还处于增量期，未来依旧充满想象空间。

首先，虚拟现实、增强现实以及大数据、人工智能等技术飞速发展，人造沉浸式虚拟空间的传播方式，将有可能改变整个行业。通过与多元新技术融合，未来行业的表现形态将从一定程度上打破虚拟与现实的界限，改变时空传播的观念，并成为新的信息消费模式。

其次，MCN（MCN可以理解为沟通和协调网红、平台、品牌三方的中介机构）机构的加入会在内容上体现专业与高效。在垂直领域和市场运营方面，短视频直播平台和用户，以会员制、付费订阅、单片订阅、网购流量推荐等拓展，形成更多分成模式，有利于行业发展。还可以与会展、体育、教育、科技等行业深入结合，实现多元传播、实时互动模式。

最后，国家全面监管。针对未来短视频分享及网络直播，监管部门出台更加具体的措施。从2018年国务院机构改革方案出炉，国家新闻出版广电总局不再保留，组建国家广播电视总局，新闻出版和电影统一由中央宣传部进行管理开始，短视频直播进入更严格的监管体系，这也有利于行业健康发展，构建新技术环境下的网络视频新业态。

一、短视频直播平台的基本特征

（一）抖音、快手的异同

2016年，以快手、抖音等为代表的移动短视频平台崛起，并形成了“短视频+直播复合模式”的社交娱乐视频“双雄并进”的新格局。加之垂直类的短视频平台的增多，目前的短视频行业可谓派系众多，但市场格局相对稳定，其中位于第一梯队的是抖音和快手，两者的活跃用户规模约占整体的56.7%。

2016年9月26日抖音上线，它是一款致力于拍摄发布15s/60s音乐创意短视频为主的移动社交软件，借助时尚、新鲜的内容，快速积攒了超高的人气，在上线后的短短两年时间，日播放量已经超过10亿，成为网络传播史上的一大奇迹。抖音是一个帮助大众用户表达自我、记录美好生活的短视频分享平台，并利用技术迭代为用户创造丰富多样的玩法，让用户轻松产出优质短视频。

抖音的发展大体分为四个阶段。从上线到2017年4月，可以说是抖音的蛰伏期。此时的抖音把重心放在产品的打磨、体验优化、性能提升和市场融入，在不断提升视频清晰度和质感、优化视频加载和播放流畅度的同时，增加了有趣的特效，摸索传播者和受传者的特点，调适产品的核心功能，为后期爆发式发展奠定了坚实的基础。第二个阶段是从2017年5月到9月，这个阶段被称为抖音的推广期。此时抖音开始大力推广，完成了口碑传播，此时用户量呈爆炸式增长。在这个阶段，抖音提升滤镜和美颜效果，开创抖音故事、音乐画笔、染发效果和360度全景视频，并加入AR相机等科技，提升视频观感和吸引力。第三个阶段是2017年至2018年，抖音进入成长期。这一阶段，抖音完成了其运营任务，用户突破2.5亿人，这其中大部分是年轻人。从2018年至今，属于抖音的流量红利期，这一阶段，抖音通过热点运营、明星带流量、扶持达人等方式快速成为移动时代下品牌投放广告的共识。

作为另一大短视频直播平台，快手的发展要早于抖音，快手的精神内核是满足用户平等地表达自己和被他人认同的需求，这种“公平普惠”的价值观体现在商业模式的各个模块，由此构建的“老铁经济”加速崛起。

任何移动互联网产品都必须具备一种核心商业模式。无论是工具型、社交型、游戏类、资讯类还是视频类产品，核心都要满足用户的某种需求，产品的用户规模、黏性、解决问题的类型等就决定了其相应的商业价值。这在快手的发展史中尤为有说服力。

快手最开始是一个GIF图的制作工具。2011年3月，GIF快手App上线，此时快手的属性是工具。2011年智能手机刚刚普及，随着移动时代的到来，移动互联网提供了大量的机会，手机端的大量用户需求还存在较大的拓展空间，此时快手和微信一样，刚刚崭露头角，并在短短的半年时间里，GIF快手App取得了百万的下载量，这算是开了好头。

随着微博在2011年3月正式突破了亿级用户，产生了大量的互动内容。同时斗图文化盛行，人们利用自制表情包表达情绪，快手抓住了这一倍速变量的机遇，快速迭代，用简单的操作创作动图，取得了良好的用户体验，拥有了一批忠实的粉丝。有了粉丝的积淀，快手在2011年底开始了转型探索期。这期间，快手转型做起了社区，验证需求和解决方案的可行性，但这段时期快手走得有些艰难。在经历了资金、用户流失等问题后，在2012年年末进入了另一个时期，这一时期对快手来说至关重要，也是在这一时期，快手在短视频社区的领域里发现了下沉市场，并秉承了“短视频，降低内容门槛，人人都是创作者”的理念，从产品设计上也遵循了“普惠，简单，不打扰”，而这也成为平台后来发展中极其重要的根基。随后，2013年10月至2014年11月期间，快手正式进入了用户增长期。快手在此期间做出了重新在连接端优化分发方式，用算法驱动高效分发的策略，让普通用户的作品让更多的人看到，让每个人都看到自己喜欢的作品。借助下沉市场的庞大规模，刚需、高频、可持续的输出内容满足了用户需求。从2014年11月至今，快手进入了成熟期，从布局国际化到多元化流量变现，快手完成了一段长达10年的奋斗史。

作为国内TOP级移动应用，快手也早已洗去了“北方、下沉市场、三四线”的标签，成为全民级的应用。算法方面，抖音基于“爆款逻辑”，以用户为导向，快手则是主张“公平普惠”，以创作者为主，对生产者的保护也带来了内容的繁荣。

短视频直播作为时下最流行的内容形态，短时间内它的行业

渗透率就超过70%，完成了前期的流量积累，打通了商业化变现之路。虽然抖音与快手皆为头部短视频直播平台，但二者无论是在发展还是商业模式上都存在着差异，具体体现在下面五个方面。

1.产品定位不同。

快手的产品定位是以短视频记录生活的社交平台，抖音则定位为新生代短视频音乐社区平台。快手更注重生活，注重普通用户的参与感，注重主播和粉丝之间的联结，而抖音注重“表演”，注重算法推荐，注重头部主播和头部内容，在抖音不需要关注任何主播，观众也能刷到自己喜欢的内容。也是因为二者定位不同，所以直接产生了发展差异。

2.用户群体不同。

快手从最开始就将目标用户定位在了三四线城市及农村用户，是一个下沉市场，在这个市场中，快手的用户集中在25~34岁这个年龄段，约占总体用户数量的43%。快手上男女用户的比例比较协调，女性用户占57.8%，男性占42.2%。在学历方面，快手的用户分布较为均衡，高中、本科及以上用户占比最多，分别占比32.8%、31.9%，相对来说，用户的普遍受教育程度较低。抖音从上线开始，累积的用户就以一二线城市及年轻用户居多，用户年龄集中在19~24岁，占总用户数量的40%，从用户性别来看，女性占比更高，达到66%，男性用户占比仅为34%。抖音的用户群体相较于快手，受教育程度高，且消费能力较强。

3.视频风格不同。

快手的视频风格因为下沉市场的影响，更加接地气，视频内容主要为记录日常生活，内容创作者以普通人为主，所创作的视频多与生活密切相关，具有较强的社交属性，长尾用户的视频有更多的曝光机会。快手去中心化的定位，也助力于平台内容的多样化，容易让观众产生共鸣，形成认同感和强烈的社区凝聚力。

抖音则不同，抖音的视频内容更加新潮、个性化，美颜滤镜、搞怪贴纸以及VR特效等，搭配上快节奏的音乐，让抖音输出的视频内容更具“潮流”“个性化”的特点。抖音虽然也是去中心化平台，但具有内容强运营的中心化特征，在抢眼的同时，热门内容又具备较高的相似性和重复性，因此相比于快手，抖音的主播和用户之间的关联较弱。

4. 变现模式不同。

快手更依赖直播收入，凭借着短视频流量导流和更具生活化的内容，更多的创作者靠直播来进行变现。抖音则依靠流量变现，凭借着其庞大的用户群和基于算法的流量分发系统，营销体系完整，抖音广告收入优势明显，并成为各大品牌营销中不可缺少的环节。

5. 推荐机制差异。

在短视频用户数增长趋于饱和、行业见顶的现状下，抖音和快手的推荐机制互相融合，更为趋同，但仍有一定的差异。两个平台的推荐机制，都是让用户只通过少量的操作，就可以把用户和内容做匹配，向用户推荐他感兴趣的内容。而抖音是强媒体属性，把观众喜欢的内容，根据算法的匹配，推荐给特定的人群或推荐给更大众的人群，从本质上来说，越多观众喜欢的内容，就会获得越多的流量分配和算法推荐，在某些特定的时间内，集合某些特定的社会背景，抖音的流量会聚集到某些热门的内容和热门的账号上，有头部集中的效应，比如在“三农”领域里大火的主播“张同学”。

快手也强调自己的去中心化推荐机制，但快手是从短视频社区的定位发展起来的，因此具备比抖音更强的社区属性。快手坚持平等、普惠、真实、向善的价值观，在快手的算法体系中，既有对普通人给予普惠流量曝光的机制，也有对正能量内容进行优先推荐的设置。它对内容的人设、互动性、新鲜度、时效性有要求，推荐方法涵盖了不同需求，包括协同推荐、内容过滤、热度权重和择优去劣等。现在快手也在逐渐强化自己的媒体属性，当视频的播放量、点赞量、评论量、转发量等数据很快达到一个数值的时候，算法会判断其为受欢迎内容，然后叠加更多流量。同

时，账号定位明确、内容质量、作品封面、清晰度、稳定更新等都是影响推荐的因素。

抖音和快手作为短视频行业的佼佼者，在广告推广方面都具有自身的优势。快手和抖音都拥有海量的用户群体，在广告定向上也能做到精准化定位。但快手平台走的是以猎奇、趣味、搞怪为吸睛点的平民生活化路线，用户群体集中在下沉市场，适合需要向三四线城市渗透的行业推广。而抖音用户以一二线城市居多，流量系统庞大，适合预算较大的广告主，也更受各行各业的欢迎。

（二）拼多多直播的特点

2020年，直播电商进入万物可播、人人可播的时代。电商规模、相关从业人员以及电商用户都迎来了快速增长，至此直播电商出圈。除了抖音和快手两大短视频直播平台，传统电商如淘宝、京东、拼多多等也都纷纷接入了直播。淘宝直播以用户基数大、黏性高、产品种类和数量多、网购市场覆盖广为特色。京东直播则以高流量曝光、商品端服务升级为主要特点。

图3–2

在众多平台中，拼多多直播是一个特殊的存在，它的直播多以店铺为主体，而非主播个人。作为一个以拼团、低价为核心竞争力的电商平台，其庞大的下沉空间吸引了许多农产品商家入驻，丰富产品种类。不同于传统电商直播，拼多多直播的裂变组团方式成为其最大的亮点，通过组团看直播，拼团低价的方式获得客户进入直播间的同时，也带动了产品的销售。

另外，与其他平台直播的流量主要来自于内部用户不同，拼多多直播在引导平台内部用户的同时，也邀请更多拼多多外部的粉丝，以邀请微信好友组团看直播的玩法，吸引了众多微信用户。

由于拼多多直播和淘宝、京东直播的流量来源不同，因此拼多多的主播通常为空降式，没有前期的培训、沉淀、成长的过程，比如拥有众多忠实粉丝的微信公众号大V空降拼多多直播间直接就可以卖货，且效果不会太差。

（三）淘宝直播的特点

淘宝直播偏向于吸引人们购物，其针对的主要是海量的淘宝用户，淘宝用户在淘宝的引导下极有可能成为淘宝直播的用户，从而提高淘宝电商的转化率，而且淘宝直播主要依靠淘宝电商大平台来获得流量，主播不需要特别制作短视频来吸引粉丝进入直播间。对于商家而言，直播可以增加店铺的流量，但要获得店铺直播间在淘宝直播频道的浮现权，需要满足一些条件，比如主播成长等级、淘宝店铺不违规、天猫商家的多维度经营数据评估等，才能获得淘宝直播频道的展示，得到公域流量的支持。

淘宝直播脱胎于传统电商平台，所以淘宝直播相对抖音、快手等短视频和直播电商平台而言，具有自身鲜明的特点，它是以店铺为基础，开通店铺直播权限，所以也被称为“店播”，店播的核心在于店铺，淘宝店播的方式比较灵活，店铺老板、客服、模特、甚至仓储人员都可以进行直播，主播不需要固定某个人，因为店播强调的是店铺品牌，倡导用店铺品牌价值和产品价值驱动购买、达成交易。

所以店播对店铺的运营能力要求比较高，对主播的直播能力要求反而比较低，店播主播相当于线下导购员的角色，做好产品的展示和介绍，就可以满足淘宝用户大部分的需求，店播的成本比较低，对于直播间场景的打造和直播间运营的要求没那么高，因此淘宝直播比较依赖专业电商运营人员对店铺的整体运营。另外，淘宝的短视频内容生态没有其他短视频平台完善，内容呈现不如其他短视频平台精彩和丰富。因此，本书涉及的账号运营方法论和技巧，更多的是应用在其他的短视频和直播电商平台上。

（四）微信视频号的特点

面对短视频平台的迅猛发展，短视频成为内容消费的重要趋势，极大地改变了互联网用户的习惯，分走了用户很大一部分时间。腾讯曾重点推出微视来对标抖音和快手，应对短视频内容领域的竞争，但由于内容和分发体验的不足，导致微视无功而返。2020年1月，微信上线了一个人人都可以记录和创作的内容平台，主打短视频，独立于公众号，入口内嵌在微信“发现”页面上，位于朋友圈的下方，由此开始了微信视频号的内测，希望借助微信视频号和抖音、快手抗衡和竞争。

视频号并不是一个独立的应用App，它只是微信的一个功能模块，本身不能跟微信切割开，因此它就具备了自身鲜明的特点，它的运营理念、算法机制和产品逻辑，都不能脱离微信的大生态环境。

从产品设计上看，第一，进入视频号页面后，会自动播放第一条视频，往下滑动时，下面的视频内容也会自动播放，所有的视频播放呈现连贯性；第二，视频号可以在视频底部的介绍中添加超链接，点击超链接可以直接跳转到相应的微信公众号文章中，由此打通了直播与微信公众号，实现流量互通。

在算法机制上，视频号遵循了社交推荐和个性化算法推荐互相结合的推荐机制，社交推荐具体表现为多位微信好友看过的视频容易被推荐，这个算法有利于视频沿着社交关系进行扩散；依据所关注的视频号，推荐同类型的账号，优质内容会被反复推荐，这一点跟抖音流量池相似；同城5千米以内的用户发布视频会被推荐。目前视频号的内容生态在不断完善，内容的呈现也更为丰富和精彩。同时，微信作为国民级应用，App的安装率几乎是100%，每天大约有12.68亿人在使用微信（截至2021年12月31日微信和WeChat合并数据），视频号作为微信团队发力的重点，又背靠微信App这棵大树，吸引了越来越多的短视频和直播运营者入驻发展。

视频号的直播发展较晚，目前颜值主播和才艺主播会获得更多的扶持和展现，而对于其他类型的主播而言，还要期待视频号直播形成更好的运营生态。

（五）西瓜视频的特点

西瓜视频和抖音一样，同为字节跳动旗下的视频平台，视频类型主要是音乐、美食、时尚、影视、游戏、文化等，这些主打内容里有很多的头部运营者，其他的类型则较少。为了跟抖音互相区分，西瓜视频定位于中视频和长视频内容。一道美食的制作过程，一段旅行的体验过程，一个农作物的生长过程，一个知识点的全面讲解，大多通过60秒以上的中长视频，进行完整、全面的展现。中长视频的粉丝更为稳定、参与度高、黏性更强，因此对视频创作者的要求也更高。

为了鼓励创作者多生产中视频，2021年6月，西瓜视频联合抖音、今日头条共同发起“中视频伙伴计划”，大力扶持中视频内容。加入中视频伙伴计划后，中视频创作者即可获得三个平台的流量收益。西瓜视频投入20亿元补贴中视频创作者，帮助其专业化和职业化。视频创作者发布一条原创中视频后，根据三个平台的播放量累计总和，就可以获得相应收益，一般来说每1万播放量的收益为30~60元。数据显示，截至2021年底，上线半年的“中视频伙伴计划”中，超过13 000位作者月入过万，50万创作者加入计划后收入增长了3.5倍。西瓜视频里“三农”领域的优秀示范账号有@土家小木和@农民工川哥等。

二、直播带货的底层商业逻辑

随着人口红利的结束，消费回归成为新的战场，人性红利正在凸显，短视频和直播电商快速崛起，正好迎合了这种趋势。如今直播带货发展更是迅猛，形成了强大的发展势能。

各行各业，无论是明星、网红、演员还是普通人，都参与到了直播带货的热潮中。与此同时，直播带货的竞争也变得越来越激烈，想要吸引观众、达成变现的目标，第一步就是了解直播电商背后的底层商业逻辑。

流量、算法、指标、标签、权重，构成了直播电商这种基于人的兴趣而生的电商形式，遵循兴趣电商的商业逻辑。直播电商是传统电商的“升维打法”，表层商业逻辑是通过推荐技术，把商品内容和潜在的海量兴趣用户连接起来，用内容激活用户的消费需求。而深层的商业逻辑，则是在洞悉人性的基础上，用内容来打动观众，推动消费者下单购买。

（一）标签是引流的关键

在直播间，用户的标签分为三级，第一级为基础标签，即他是谁，所在的城市和年龄等；第二级为偏好标签，即用户喜欢看什么类型的直播间，看的频次；第三级为交易标签，即用户喜欢在直播间买什么类型的东西，买的频率，买的档次。比如有的直播间，人很多但是转化率很低，原因是这些直播间虽然具备了成熟的基础标签、偏好标签，但交易标签较弱，这样算法就不会把有着同样明确的交易标签用户推送到直播间。

也有一些直播间，虽然流量很低但是转化极其精准，就是因为当算法起初给他一点点流量的时候，转化做得很好，所以交易标签打得很牢，转化率很高。

此外，直播运营通过流量运营，吸引具有同样交易标签的精准客户来到直播间进行高效的转化，并通过高效转化吸引平台的直播推荐流量。

（二）基础指标的重要性

在直播中，算法按照指标给直播间带流量。一般情况下，指标被分为两类：第一类是互动指标，即停留时长、点赞量、评论量等；第二类是交易指标，即GMV（直播间成交金额）、UV（指独立访客）、人均GMV等。在互动指标中，停留时长是核心指标，如果用户没有停留，就不太可能出现点赞和评论行为。在交易指标中，UV和人均GMV是重中之重，UV乘以人均GMV就是直播间的GMV。

现阶段，由于短视频和直播平台竞争的加剧，商业化进程的加快，相较于以前，UV的价值比更重，一场高转化的直播并非一蹴而就，它的背后靠的是人、货、场、流量运营、商品划分、差异化定位等运营手段的整合营销。如果不深究背后的底层逻辑，很难在直播带货这场战役中占据优势。

（三）传播逻辑

直播电商的底层商业逻辑中，不能小觑的是其传播逻辑，它涵盖了口碑、渠道、流量三方面。口碑是互联网商业交易中吸引顾客、留住顾客的唯一指标。在信息爆炸的环境下，消费者不再像以往那样，容易被冲动消费心理所引导，他们有意识地规避风险、懂营销且挑剔、追求体验、向往个性。主播以平民化视角，呈现出产品差异化和细节化的内容，以“同质化商品、个性化销售”的方式，强调产品适合的特定人群，有意识地帮助观众规避消费风险，使得消费者愿意因为相信一个人而购买他/她推荐的产品。

对消费者来说，性价比是衡量是否要购买商品的决定因素之一。好货源能真正实现让消费者直连制造商，对消费者而言，就是买到实惠好物；对商家来说，是实现了“薄利多销”；对主播来说，也收获了粉丝的忠诚度，这将是最好的多方共赢。

（四）流量的分发

“直播”缩短主播与消费者之间的心理距离，同时也拉近了产品和消费者的距离，从传统的“人找货”变成了“货找人”的营销模式。这种流量分发的逻辑扎根在了直播电商的最深处，成为最有力的带货推动力。

传统的商业逻辑，是一个品牌通过产品的质量、品牌的理念、企业的规模，得到消费者的认可，认可之后企业再去卖货，创造销售业绩。而直播带货打破了这一格局，甚至将这个商业逻辑倒过来，即一个品牌，一开始不用通过各种营销方式，比如广告、明星代言，才开始被消费者了解。而是在消费者购买和初次尝试之后，发现产品性价比很高，便开始信任产品，相信品

牌，从而养成一种习惯：只要是这个牌子的产品，就要去购买，甚至是通过主播的推荐，就可以形成对品牌的无条件信任，即“购买=信任、推荐=信任”。

在直播带货和大数据的算法下，各大品牌能比较全面地掌握消费者的偏好、消费力、消费周期，甚至是个体差别信息，做出“消费者信任的商业活动”，也就是直播带货。直播带货这种商业行为创造了庞大的业绩，“宠粉经济”这种商业模式也颠覆了传统的经济。

站在新零售的角度来看直播带货，探索它深层的商业逻辑，并且按照这种商业逻辑去规划发展方向，寻找产品和品牌未来的发展新路有利于农产品和农产品品牌摆脱传统销售和平台电商的发展路径，进入具有竞争力的发展新轨道。

在万物皆可直播的当下，已经不再是过去的营销和推广模式，真正让供求两端平衡，建立新的供求关系，是农产品品牌崛起最重要的课题之一。当农产品直播带货真正实现了对传统买卖方式的深度改造之后，供求两端的平衡就是一个可以持久发展的商业模式。

第四章 农民直播电商如何配置设备

装备对于直播销售员来说，如同战士离不开枪。一套好的装备对于直播销售员来说如虎添翼，能起到事半功倍的作用！一部手机、一个支架，还是一间设置齐全的直播间？直播带货设备高低不等，从几千到上百万都有，作为初涉其中的我们应该怎么选择呢？对于直播新手，刚开始进入直播行业时，不太建议大家准备太过高级、专业性较强的设备，先选一些基本的设备播起来就行，等有了一定的基础再逐渐更新补充设备。

那么农民直播销售员都需要哪些设备？又从选购哪些设备开始呢？这一章就给大家一一介绍。

一、短视频装备

短视频创作时代，拍视频变得很容易，但是拍出好视频就不一定了。能够爆火的视频，光有好的创意和内容是不够的，大多还具有高清的画质、稳定的画面和丰富的转场技巧，这样的视频才能赏心悦目、引人入胜。要想做到高清的画质、稳定的画面，就需要有相对专业的拍摄设备。常用的拍摄设备有哪些呢？

（一）手机和单反相机

目前短视频的拍摄设备有手机、单反相机、摄像机等。短视频平台要求像素级别为1080P，对于这个标准，目前市面上绝大多数手机都能达到，当然中高档手机的配置和算法，会让画面呈现的色彩和清晰度更好一些。

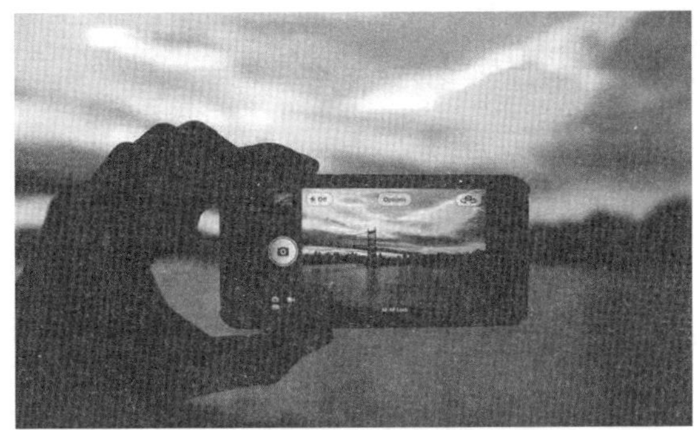

图4–1

摄像机虽然在拍摄短视频时会显得比较专业，但是功能相对单一。手机和单反相机在短视频的拍摄中比较常用，而且相比摄像机更为方便、快捷。

图4–2

手机和单反相机的区别是，手机更加方便，可以涵盖摄影、摄像、剪辑在内的更多功能，而单反相机是更加专业的摄影、摄像设备。

此外，单反相机和手机更重要的区别在于其画质和性能。单反相机拍摄的短视频画面更加高清，色彩层次更多，呈现更加逼真，但单反相机的操作也更为复杂，需要更加专业、系统地学习才能掌握。

综上所述，对于农民直播销售员来说，不管是短视频拍摄还是直播，都推荐从手机开始，不仅携带更加便捷，拍摄剪辑也更加简单。

图4–3

（二）收音设备

收音设备是容易被农民直播销售员忽略的视频拍摄和直播设备。不管是视频拍摄还是直播带货，呈现方式都是“图像+声音”，所以收音设备是非常重要的。

当拍摄和直播环境比较嘈杂时，如果收音只是依靠手机自带的内置话筒，就不能得到清晰而稳定的声音，这时候需要在手机或单反相机上加外置的麦克风。最常见的麦克风包括有线话筒和无线麦克风。无线麦克风又称“小蜜蜂”，或者指向性麦克风，常见的是接在手机插口和单反相机的机顶位置上，它会让我们在拍摄时自由而不受限。

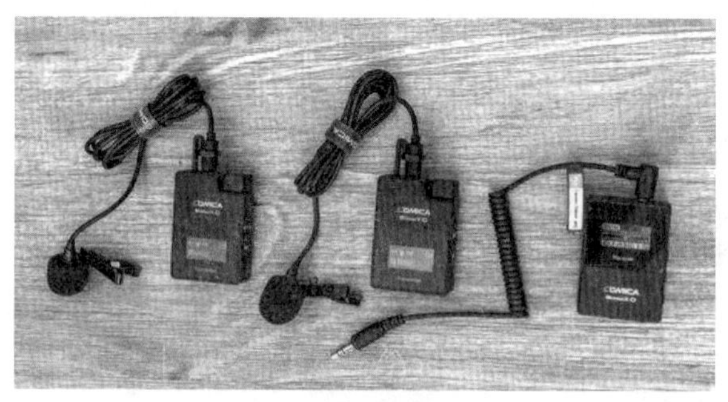

图4–4

不同的麦克风适用于不同的拍摄场景，随身的无线麦克风，一般适合现场采访、在线授课、视频直播等环境，而单反相机的机顶麦克风，更适合一些需要现场收音的环境，例如微电影录制、多人采访等。

图4–5

（三）三脚架

在拍摄短视频时，除了一些随拍的画面，其他时候都要求画面具有比较好的稳定性。那么，在拍摄短视频的时候，我们就不能一直手持拍摄，必须借助于三脚架或者稳定器。

先说三脚架，作为短视频创作者，尤其是大多数的创作者在开始拍摄短视频时都没有团队，那就一定要准备一个三脚架。在有了一定的经验后，进行进阶拍摄，需要2个机位同时拍摄时，还需要准备两个甚至更多的三脚架。三脚架的最大作用就是保持手机或相机的稳定，保证画面的稳定。而且，如果记好拍摄时三脚架的位置和高度，每次拍的时候角度都能保持一致，还能够提高拍摄画面的品质。

选购三脚架有三个要点：

（1）稳定性。稳定性是首选因素。通常来说，三脚架越重，稳定性就越好。

（2）便捷性。三脚架材质越好，在同样保障稳定性的前提下，三脚架的重量也会越轻，越方便随身携带。

（3）顺畅度。选购可以多角度流畅旋转的三脚架，能省去手动调整的时间，同时可以帮助平滑地运镜，保证移动拍摄时画面的稳定性。

（四）稳定器

除了三脚架以外，云台是很好的拍摄稳定器。目前市面上的视频云台，能保持我们在手持手机或单反相机拍摄时，让镜头的转动或移动更加稳定，尤其是进行“摇、移、跟”等运动拍摄时，视频云台是不可或缺的设备。

现在的稳定器非常多。常见的有手机稳定器、微单稳定器和单反稳定器（大承重稳定器）。

选择稳定器，首先要考虑稳定器的承载能力，如果我们使用的是小型微单，那么使用例如智云WEEBILL–S、大疆如影SC等微单稳定器就可以了，但是如果我们使用的设备机身重量较大，镜头比较大，例如使用的是24–70mm f/2.8之类的镜头，还是建议选择更大型的单反稳定器，例如云鹤3或者如影S，具体的型号我们在购买的时候，一定要注意识别或咨询好商家。

其次还需要考虑两个因素，第一个是稳定器和我们使用的手机、相机型号是否匹配，能否进行遥控的电子跟焦；第二个是稳定器是否具有自动调平功能，让我们使用起来更加方便和高效。

图4–6

二、直播装备

基础的直播装备包括电源、网络、手机、支架、灯、麦克风、声卡、提词器、电脑等。

（一）电源

农产品直播带货时，户外直播是必不可少的，所以选择电源就很重要了。因此要准备一款大功率的移动应急备用电源。特别是我们做农产品直播经常会在田地、果园、花圃等户外，这个时候户外移动电源就必不可少了。

比如SADE户外电源SKA1000能很好地适配不同类型的用电设备，且续航时间持久，充满一次电可以循环使用多次，完全不用担心在户外会发生没有电的情况。此外，SADE户外电源SKA1000的重量为11.5千克，体积为408mm×163mm×256mm，体积小巧，轻易便携，无论带去哪里都非常方便。

此外，为了避免直播过程中手机因为没电而中途下线，除了要保证直播前手机电量充足外，还要准备一个充电宝在旁边，以备用时之需。

图4–7

（二）网络

好的网络是做好直播的先决条件，如果不能确保好的网络，那么再好的直播设备也是白搭。

现场直播的网络可能有三种，分别是有线、无线，或4G、5G。

有线连接：直播场地有专门的网口使用，最好是专线网络。如果需要经常直播，安装宽带的时候一定要问清楚上行带宽是多少。按照工信部的规定，目前100Mbps宽带的上行速率是20Mbps，200Mbps宽带的上行速率是30Mbps。如果家中有2个人喜欢直播，至少也要选择200Mbps宽带，30Mbps上行带宽基本满足应用。一般来说，一条200Mbps宽带就够用了。如果人再多的话，建议申请一条专线宽带，上行带宽更大。

路由器：我们建议选择传统的大品牌路由器厂商的中高端产品。路由器作为全年365天不间断工作的设备，同时给多个设备提供网络。所以选择高质量的产品才能提供稳定的网络。

需要特别提醒的是，直播设备（电脑）要和路由器用有线连接，无线设备建议和路由器在同一房间内，用5G频段连接。因为4G频段的Wi-Fi信号穿透能力强，传输距离较远，但是抗衰减能力不好，因此容易受到干扰，导致信号不够稳定，而5G频段的Wi-Fi信号稳定性很强，不过传输距离短，而且穿墙能力不行。

4G、5G信号：手机热点受周围环境影响较大，建议在手机信号良好的地方使用4G、5G直播，4G、5G网络波动可能较大，直播前应选用稳定的4G、5G卡进行直播。

（三）手机

手机是做直播必需的装备。手机直播一般需要两部手机，一部手机做直播，一部手机用于主播观看评论区，与观众互动。如果直播时还需要运营或背景音乐，那还需要再增加一部手机做配合，进行放音乐、发红包、活跃气氛等。选直播手机看三个指标：摄像清晰度、内存大小、稳定性。

直播的手机最重要的一点就是要稳定和清晰，手机的配置会直接影响到直播间的画质和流畅度。选择手机的时候，最重要的是看前置摄像头的像素和系统的运行速度这两个重要指标。前者能保证直播间的画质，后者能让手机与直播软件更好地兼容，直播时流畅不卡顿。

品牌选择建议最好用苹果，一是画质清晰，传输中不会压缩;二是长时间直播稳定性好，因为性能均衡，用声卡的音质也最好。

像华为等国产手机也值得入手，因为近几年国产头部品牌的手机，拍摄像素甚至比苹果手机高，另外运行速度比起苹果、三星也毫不逊色。

（四）支架

要想维持稳定的直播效果，手机支架就少不了。手机支架看起来很简单，却是每个主播必不可少的直播神器之一。它的类型有很多，三脚架类型、底座类型、八爪类型、螺旋式金属类型，各有各的优缺点。

三脚架支架更适合直播使用。三脚架的结构稳定性强，安全稳固，高度角度的调节比较灵活，后续连接手机数据线、装备补光灯等都比较方便。

图4-8

（五）灯

灯光也是直播的必备条件。为了满足照明需求，直播间至少要安装吸顶灯和辅助灯。

根据光源的不同，吸顶灯可以分为四种类型，分别是普通白炽灯、卤钨灯、荧光灯和LED灯。不同的光源吸顶灯适合在不同的位置使用。一般情况下，电商直播间的吸顶灯可以优先考虑LED灯。

吸顶灯的尺寸要根据直播间的大小确定。如果直播间的面积小于10平方米，可以选择直径在45厘米左右，功率100瓦的吸顶灯；如果直播间的面积为10~20平方米，可以选择直径60厘米，功率200瓦的吸顶灯；如果直播间的面积为20~30平方米，可以选择直径80厘米，功率为300~400瓦的吸顶灯。

除了吸顶灯之外，直播间还需要辅助灯来帮助照明。

辅助灯的功效是画面镜头补光以及镜头美颜，还可以自由调节镜头的亮度。辅助灯能够让美食变得更加有食欲，让人物脸部更加立体。专业的辅助灯有美颜灯、球形灯、日光灯几种，配合灯罩使用，效果更佳。如果直播间光线较暗，主播在开播前可以准备一个环形灯。环形灯的灯光比较柔和，不会导致镜头曝光。需要注意的是，柔光灯箱最好使用可控光比较强的，光色最好是暖白或者暖黄。

一些较远距离的拍摄，需要比较亮的室内顶灯，可以搭配LED灯带或者专业的摄影顶灯。

图4–9

（六）麦克风

麦克风是每个主播必备的设备，好的麦克风更是直播的利器。

目前，麦克风主要有两类，一种是动圈式麦克风，一种是电容式麦克风，因为人们对音质的要求越来越高，所以很多主播都开始选用电容式麦克风来直播。

当然，不同的麦克风适用的场景也不同。

动圈式麦克风灵敏度低，拾音范围小，不需要电源供电，适合户外直播、现场演唱使用。

电容式麦克风音质清晰、灵敏度高，分为5V和48V，5V电容式麦克风使用门槛和环境要求比较低，一般的手机声卡和电脑声卡可以直接使用，无须额外供电。

48V电容式麦克风需要额外提供电源，同时对使用环境要求较高，需要比较安静的环境，一般在室内直播或者录音棚使用。

（七）声卡

带货主播通常讲话比较多，如果不用声卡，太费嗓子，到了促单环节如果没有气氛音效植入，难免少了点抢购氛围。

图4–10

直播声卡分为手机直播声卡和电脑直播声卡。市面上一些电脑声卡是只支持电脑功能的，手机直播需要连着电脑，无法脱离电脑使用。所以在选购时如果考虑手机直播的需求，可选支持电脑和手机直播功能的。

森然电脑声卡代表:播吧Ⅲ代，森然DJ，两款均可支持手机单独直播使用。

（八）提词器

作为带货主播，产品太多，而且各个产品的特点不同，说明资料多，台词多，记不住怎么办？这时候提词器就尤为重要了。

提词器可以是电视机、LED屏，甚至是白板、白纸等。电视机、LED屏需要配合提词软件，当你在录视频的时候，台词就会悬浮在提词器屏幕上，只要照着念就可以了，帮助你摆脱忘词的烦恼。

图4-11

（九）电脑

刚开始直播时用手机就可以，但当我们直播间的人数越来越多，产出越来越好，需要用到虚拟背景等更多直播运营需求时，就需要用电脑来进行直播。电脑直播是一个进阶版要求。理论上什么样的电脑都可以直播，但是如果想要好好地做直播，对电脑配置的要求会比较高，因为电脑的卡顿会直接影响直播的效果。

当我们用电脑做直播时，电脑处理器的配置要求需在i5以上，最好i7。选Windows系统，建议最好选台式电脑进行直播，保证直播的稳定性。

另外电脑直播还需配置摄像头，带货主播要选用高清摄像头，可以实现比手机直播更好的画质。

第五章 农民直播销售员的必备技能

一、短视频拍摄技能

在短视频和直播平台上，论影响力、表达力、演技、拍摄技巧、后期制作和团队能力，我们不能和明星、网红达人相比。但是，普通人也有普通人的优势，那就是真实。你可能不是明星网红，但观众愿意相信你。只要有了信任基础，流量就可以转化为订单，转换为商业价值。

在之前的章节里，我们提到的短视频平台是去中心化的平台，平台的包容性很强，观众（用户或粉丝）的包容性也很强，不管你是成功人士还是普通人，都可以通过优质的内容，获得观众的情感认同和价值认可。而且，如果你是一个积极向上的普通人，甚至能获得比成功人士更多的关注和掌声，因为我们绝大多数人都是普通人，普通人通过短视频表达普通人的生活，可以引起更多观众的共鸣。

就像在上一章里，我们建议大家在开始拍短视频的时候，不需要马上就购买各种高档的拍摄器材一样，大家在最开始拍摄、剪辑、制作短视频时，也不需要学习各种高级的拍摄手法、特效剪辑和后期制作技能，只需要掌握基本的拍摄、剪辑技能就可以开始短视频的创作。

学习没有错，但只学习不实践，就不是好的选择。对于零基础、刚开始拍摄短视频的朋友来说，这会花费我们大量的学习成本和时间成本，反而让我们迟迟不能开始。

所以，刚开始做短视频的农民直播销售员，就用手机拍真实的自己、真实的生活，不需要过度追求拍摄、剪辑的技巧，而是要想方设法地在我们的优势上发力，先通过多样化的场景、真实的人设和基本的拍摄技巧，获得观众和粉丝的信任。然后再通过更多的拍摄、剪辑实践来积累经验，实现短视频品质的提升，这样我们就能实现快速上手、快速变现。

同时，短视频是飞速发展的，视频的整体品质也在不断地提高，我们只有在实践中保持学习的兴趣，提高学习的能力，不断地提高短视频拍摄、剪辑、运营的方法和技能，才能适应平台的快速发展和时代的快速变化。

下面我们将介绍短视频拍摄时需要掌握的一些基本方法和技巧，如拍摄景别、拍摄运镜、拍摄构图、拍摄思维等。

（一）拍摄景别

景别是指由于在焦距一定时，摄像机与被摄体的距离不同，而造成被摄体在摄影机画面中所呈现出的范围大小的区别。

（1）远景：深远的镜头景观，人物在画面中只占很小的部分。

图5–1

（2）全景：包含整个拍摄主体及周边环境的画面，或者摄取人物全身的视频画面，相当于话剧、歌舞剧场“舞台框”内的景观。通常用来作为视频作品的环境介绍。在全景中，我们可以看清人物的动作和所处的环境。

图 5-2

（3）中景：俗称“七分像”，指摄取人物小腿以上部分的镜头，或从腰部到头的景致，或与此相当的场景镜头，是表演性场面的常用景别。

图 5-3

（4）近景：指摄取人物胸部以上的视频画面，有时也用于表现景物的某一局部。

图5-4

（5）特写：指手机、摄像机在很近的距离内摄取对象。通常以人体肩部以上的头部为取景参照，突出强调人体的某个局部，或相应的物体细节、景物细节等。

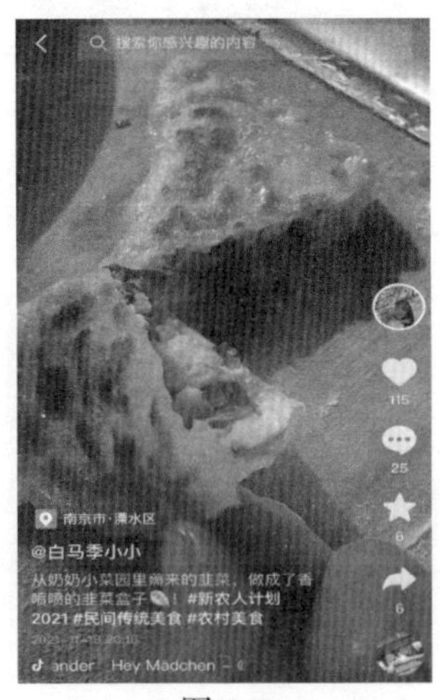

图5-5

景　别　表

景别	主体所处位置	作用	应用场景
远景	开阔的场景和场面	展示事件发生的时间、环境、规模、氛围	用在一个事件的开篇，一般为故事的第一个镜头，在手机拍摄时，距离环境足够远才能实现
全景	人物全身形象或某一个场景全貌画面	1. 表现一个事件或场景的全貌 2. 完整表现人物的形体动作 3. 与远景相比，被摄主体占据画面主要部分	有人物主体和环境，除远景外，通常也作为事件的第一个镜头
中景	成年人膝盖以上部分或场景局部画面	展现人物脸部和手臂细节活动，表现人物之间的交流，适用于叙事	
近景	成年人胸部以上或物体小块局部	表现人物面部神态，刻画人物性格的主要景别，拉近了被摄人物与观众的距离，容易产生一种交流感	常用于对话交流
特写	成年人肩部以上或被拍摄对象的细节画面	突出最有价值的细节画面，通过面部特写，揭示人物复杂多样的内心世界，常用于转场	展示事物细节或人物形象的细节特征

（二）拍摄运镜

摄像机的运动一般包括以下几种类型。

（1）推：被拍摄主体不动，镜头向前推进，由摄像机做向前的拍摄运动，取景范围由大变小。

（2）拉：被拍摄主体不动，由摄像机做向后的拍摄运动，取景范围由小变大。

（3）摇：摄像机的位置不动，机身依托于三脚架上的底盘（或者摄像师的腰部和手部），做上下、左右的运动，观众看到的画面，就像站在原地环顾、打量周围的人或事物。

（4）移：移动拍摄，通常指把摄像机跟随着拍摄主体一起移动，在移动中进行拍摄，可以手持摄像机（手机），或者把摄像机（手机）安放在特定的运载工具上，沿水平方向，在移动中拍摄。

（5）跟：跟踪、跟随拍摄。指摄像机（手机）跟随拍摄主体进行拍摄，跟是移动拍摄的一种，跟拍还可以和拉、摇、移、升、降等拍摄方法结合在一起，同时进行。跟拍的手法灵活多样，可以让观众的视线始终放在被跟随拍摄的人体、物体上，当我们手持相机不借助其他运载工具进行跟随拍摄时，可以感受到摄像师步伐的节奏和呼吸的节奏。

（6）升：上升摄像，镜头对准拍摄主体后，镜头的运动轨迹从下往上，移动拍摄。

（7）降：下降摄像，镜头对准拍摄主体后，镜头的运动轨迹从上往下，移动拍摄。

（8）俯：俯拍，镜头保持不动，从上往下拍摄主体，经常用于展现拍摄环境（场景）的整体面貌。

（9）仰：仰拍，镜头保持不动，从下往上拍摄主体，这种影像常常带有高大、威猛、庄严的意境。

（10）甩：甩镜头，镜头突然从一个被摄体甩向另一个被摄体，画面移动表现出急剧的变化，甩镜头作为场景变换的手段时，可以不露剪辑的痕迹。

（11）主观拍摄：又称主观镜头，指镜头像拍摄人物的眼睛一样，来展现人物看到的景象和事件，表现拍摄对象的主观视线，这种视觉的镜头，可以可视化地表现人物的心理描写。

镜头运动表

运镜	用法	作用
推	镜头均匀向前移动 大景别变成小景别	把主体从环境中分离出来 关注点移到局部
拉	镜头均匀拉远 小景别变成大景别	主体细节渐渐变小 关注点变为主体与环境的关系

（续）

运镜	用法	作用
摇	左右摇或上下摇 斜摇或旋转摇	对拍摄主题的各个部位逐一展示
移	水平方向移动	可产生巡视效果或介绍主体与环境关系
跟	后跟 / 侧跟 / 前跟	更好地表现物体地运动
甩	镜头急骤地转向另一个方向	从一个空间瞬间转移到另一个空间
升	镜头均匀向上移动	从下到上展示人物或物体的细节
降	镜头均匀向下移动	从上到下展示人物或物体的细节
环绕	围绕一个物体进行全方位的环绕拍摄	360 度展示被摄物体的细节
变焦	镜头瞬间拉近 大景别变成小景别	把主体从环境中分离出来 关注点移到局部
运镜	被摄物体呈现旋转的效果	眩晕的主观感受，表现特定的情绪和气氛

（三）拍摄构图

1. 短视频构图的基本原则。

构图指的是镜头画面的结构和布局，即画面中各个被拍摄元素的关系和组合结构。被拍摄的元素可以是人或者物，也可以是点、线、面、光、色等造型元素。

构图能够创造画面造型，表现节奏与韵律，好的画面构图可以增强视频的表现力，因为我们要传达给观众的不仅是一种资讯和信息，同时也传达了一种审美情趣。在短视频拍摄的构图过程中，需要遵循一定的原则，这样才能拍摄出优秀的短视频作品。

（1）美学原则。短视频画面的构图要遵循美学原则，要具备形式上的美感，具体表现包括：

- 被摄主体通常不居中，要注意黄金分割，还要注意画面的平衡。
- 天地连接线通常不一分为二地分割画面。

- 形成短视频影调的色调布光。
- 画面中的被摄主体不应过分孤单。
- 被摄主体和陪体应该主次分明。
- 人或物的连续线不应一字排开，应该高低起伏，层次分明，错落有致。
- 人或物之间的距离不应均等，应当有疏有密。
- 水平线及景物的连天线不应歪斜不稳。
- 人物不要全部正面出现，应与镜头形成一定的角度。
- 重视画面中的“线条”，它可以让画面富有动感和韵律感。

（2）均衡原则。均衡是获得优质构图的一个重要原则。无论是拍摄大自然、建筑、环境还是人物、事件时，均衡的结构都能在视觉上产生形式美感。要判断画面是否均衡，可以将画面分为四等份，形成一个“田”字格，在田字格的四个格子里有相应的元素，而元素之间形成了均衡感。

需要注意的是，不要以为均衡就是对称。对称的画面常常给人以沉闷感，而均衡不会在视觉上引起人们的不适。要想让短视频构图达到均衡，就要让画面中的形状、颜色和明暗区域相互补充与呼应。

（3）主题服务原则。在短视频作品中，短视频的主题与情节是起到决定性作用的内容。形式要为内容服务，短视频构图也要为短视频的主题服务。所以在进行短视频构图时，应遵循主题服务原则，制作者要考虑以下三个方面：

- 为了表现被摄主体，要采用合适、舒服、具有形式美感的构图方法。
- 为了突出表现被摄主体，有时甚至可以破坏画面构图的美感，使用不规则的构图。
- 若某个构图优美的画面与整个短视频作品的主题风格不符，甚至妨碍了主题思想的表达，可以考虑将其剪掉。

（4）变化原则。构图原则主要是针对短视频中的单个画面而言的，那么对于由许多画面组成的整个短视频的构图，则需要

遵循变化原则。短视频不是照片，观众不能容忍一部构图没有任何变化的短视频作品，而变化也正是短视频的主要特征与魅力所在。因此，在短视频构图中，除了构图所表现的内容变化以外，构图形式的变化也是不可忽视的。

2. 常用的短视频构图方法。

短视频拍摄和照片摄影，一个是动态画面，另一个是静止画面，这二者没有本质上的不同。因为在短视频拍摄过程中，不论是移动镜头，还是静止镜头，拍摄的画面仅仅是静止画面的延伸而已。因此，在摄影中的一些构图方法在拍摄短视频时同样适用。下面介绍一些常用的短视频构图方法。

（1）中心构图法。中心构图法是将主要拍摄对象放到画面的中间。一般来说，画面的中间是人们的视觉焦点，看到画面时最先看到的是画面的中心点位置。这种构图方法的优势在于突出被摄主体，明确人物的角色定位。用中心构图法拍摄的画面，左右平衡，给观众带来稳定感。

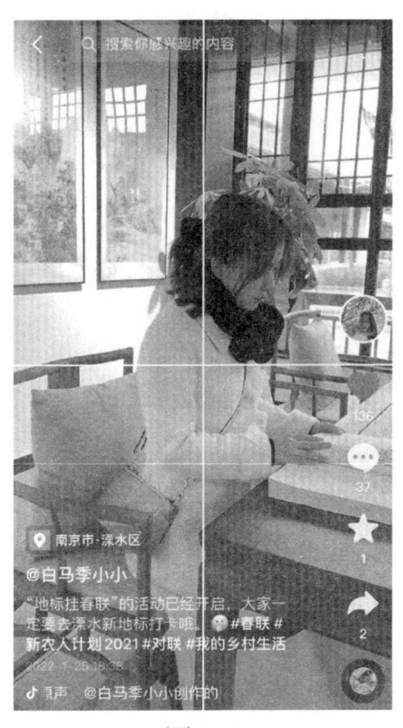

图5–6

（2）九宫格构图法。九宫格构图法是利用手机或相机画面中预设的上、下、左、右四条黄金分割线，对画面进行分割。四条线为画面的黄金分割线，它们的交点则为画面的黄金分割点。一般在全景拍摄时，黄金分割点是被摄主体所在的位置。在拍摄人物脸部特写时，黄金分割点往往是人物眼睛所在的位置。

采用九宫格构图法进行拍摄，画面具有变化感与运动感。这四个黄点分割点也会带给观众不同的视觉感受，上方两点的动感比下方两点的动感强，左侧两点的动感比右侧两点的动感强。在进行九宫格构图拍摄时，重点要注意画面的视觉平衡。

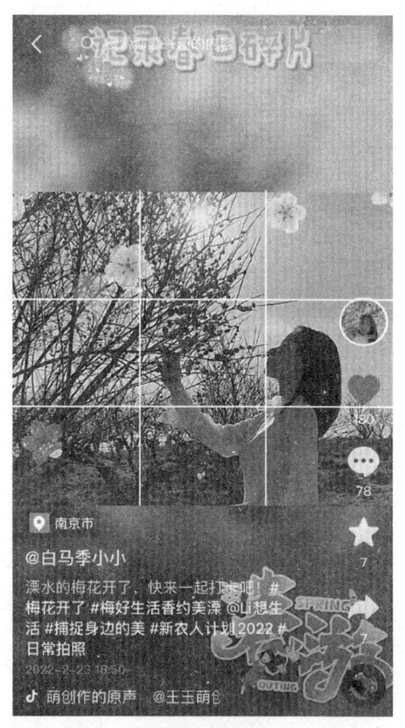

图5-7

（3）二分构图法。二分构图法是把画面或横向、或纵向一分为二，这种构图法通常用在风景画面的拍摄中，同样也可以用在前景与后景区分明显的画面中。

图5-8

（4）三分构图法。三分构图法是九宫格“黄金分割”的简化版，利用这种构图方法的基本目的是避免对称式构图。三分构图法分为横向三分法和纵向三分法，是指把画面分成三等份，每一份的中心都可以放置主体形态，适合表现多形态平行焦点的主体。这种构图方法不仅可以表现大空间小对象，还可以表现小空间大对象。

采用三分构图法拍摄的画面简练，能够鲜明地表现主题，是比较常用的构图方法之一。例如，在拍摄带有地平线的风光类短视频时，为了避免地平线处于画面中间而造成整个画面呆板，拍摄者可以考虑将地平线置于画面的三分之一处；在拍摄人物类短视频时，拍摄者要避免把人物置于画面中间，尽可能把人物放在画面的三分线上，这样视觉感会更加强烈。

图5–9

（5）对称构图法。对称构图法是按照对称轴或对称中心，使画面中的景物形成轴对称或中心对称，给观众以稳定、安逸、平衡的感觉。这种构图方法适合在拍摄建筑物等内容时使用，但不适合表现快节奏的内容。对称构图法并不讲究完全对称，只要做到形式上的对称即可。要让一张对称式构图显得不那么单调，还需要考虑画面的稳定性。

图5–10

（6）框架构图法。框架构图法是用前景景物做一个“框架”，形成某种遮挡感，这样有利于增强构图的空间深度，将观众的视线引向中景、远景处的主体。由于框架的亮度往往暗于框内景色的亮度，明暗反差较大，所以在使用这种构图方法时要注意框内景物的曝光过度与边框曝光不足。

图5–11

（7）水平线构图法。水平线构图法是比较基础的一种构图方法，也是平时运用较多的一种构图方法。用水平线构图能够给人一种延伸的感觉，一般情况下用横幅画面，比较适合场面开阔的风光拍摄，让观众产生辽阔深远的视觉感受。

在采用水平线构图法时，居中水平线可以给人以和谐、稳定的感觉，下移水平线主要强调天空的风景，上移水平线主要强调眼前的景物，多重水平线则会产生一种反复强调的效果。这种构图方法用在短视频中会让观众产生一种窥视的感觉，让画面充满神秘感，从而激发观众的观看兴趣。

图5-12

（8）垂直线构图法。以垂直线形式进行构图，主要强调被拍摄主体的高度和纵向气势，多用于表现深度和形式感，给人一种平衡、稳定、雄伟的感觉。在采用这种构图方法时，拍摄者要注意让画面的结构布局疏密有度，使画面更有新意且富有节奏。

图5-13

（9）对角线构图法。对角线构图法是指被拍摄主体沿画面的对角线方向排列，能够表现出很强的动感、不稳定性或生命力等感觉，给观众以更加饱满的视觉体验。这种构图方法大多用于描述环境，很少用于表现人物，除非需要表达特定的人物设定。因为这种构图方法具有很强的编导主观态度，使用此类镜头需要大量的前期剧情做铺垫，所以并不是特别适合时长较短的短视频作品。

图5–14

（10）引导线构图法。引导线构图法是利用线条来引导观众的目光，使其汇聚到画面的主要表达对象上。这种构图方法可以让画面具有很好的纵深感，让画面中的前后景物相互呼应，让画面产生很强的立体感，并且可以划分画面的结构层次与布局情况，让画面的结构更加分明。这种构图方法适合在拍摄大场景、远景的画面时使用。在拍摄短视频时，我们可以先确定引导线，然后再考虑如何构图，将观众的视觉引导到画面主体上。

图5-15

（11）S形构图法。S形构图法是指被拍摄主体以S形从前景向中景和后景延伸，使画面形成纵深方向空间关系的视觉感，可以让画面充满灵动的感觉，能够表现出一种曲线条的柔美。S形构图法的动感效果强烈，既动又稳，不仅适合表现山川、河流、地域等自然的起伏变化，也适合表现人体或者物体的曲线。

图5-16

（12）三角形构图法。三角形构图法是以三个视觉中心为景物的主要位置，有时是以三点成面来安排景物，形成一个稳定的三角形，具有安定、均衡但不失灵活的特点。

三角形构图分为正三角形构图、倒三角形构图、不规则三角形构图及多个三角形构图。其中，正三角形构图能够营造出画面整体的安定感，给人以力量强大、无法撼动的印象；倒三角形构图则给人一种开放性及不稳定性所产生的紧张感；不规则三角形构图会给人一种灵活性和跃动感；而多个三角形构图能表现出热闹的动感，其在溪谷、瀑布、山峦等的拍摄中较为常见。

图5-17

（四）拍摄思维

1.分镜头。

所谓分镜头，是指一段视频，按事件进程、拍摄景别、拍摄角度，分次多段拍摄，简单来说，就是采用多次拍摄短镜头的方式来拍摄短视频。

即使在影视剧的拍摄当中，都使用分镜头来进行拍摄，将一长段内容分成很多段来拍摄，然后将其分段剪辑，合成为一个完整的视频。那我们短视频创作者也要学会采用这种拍摄思维和拍摄方法，因为这种拍摄方法的好处有很多：一是避免拍摄镜头过长，容易造成我们的表演或表达录制的错误；二是可以更好地交代事件的进展、人物的关系、环境的交代和细节的表现；三是带着分镜头思维的拍摄，可以为后期剪辑提供极大的便利。

抖音达人张同学的短视频，每一个动作的拍摄都有很强的分镜头意识，让每一个短视频看起来都非常流畅，能够吸引人持续地观看下去。以下是分镜头脚本表格的示范，在我们学习了以后，都可以按照这样的格式来做分镜头脚本，锻炼自己的分镜头思维。

事件	描述（举例）	镜头 1	镜头 2	镜头 3	镜头 4	镜头 5	镜头 6	镜头 7	镜头 8
1	小明从院子里骑着三轮摩托车离开	小明走向摩托车,全景	小明走向摩托车,中景	小明打开车门,中景	小明进入摩托车，拍脚上车的特写	小明松开手刹,特写	小明拧动车钥匙,发动三轮车,特写	从侧后方拍摄三轮车开过，全景	从正后方拍摄三轮车驶向远方，从全景到远景

2. 景别差。

所谓景别差，就是画面与画面之间景别的差异，在剪辑的时候，同景别镜头一般不会剪辑到一起，剪辑到一起的两个镜头的景别，都会有差异，比如特写接中景，中景接特写，不同景别的镜头剪辑到一起，才不会引起画面跳跃的感觉，让画面与画面之间的过渡更为自然，同时，不同景别之间镜头的相互剪辑，就像是影像语言，引导观众进入到导演表达的主题，关注演员的表演。

例如抖音达人张若宇的短视频画面，在剪辑上符合抖音算法，通常都是全景切特写，特写再切全景，用大的景别差关注演员的表演，营造强烈的视觉冲击力。

3. 拍摄角度。

拍摄视角大致可以分为平视、斜侧视、仰视和俯视四种，不

同的视角可以表现出不同的意境，在使用手机拍摄短视频时是需要重点掌握的。

（1）平视。平视是最基础的镜头角度，用手拿着手机向前水平拍摄物体正面。用平视的角度拍摄的画面会显得端正，具有对称美，可以给人展示正面全貌的细节。

（2）斜侧视。斜侧视镜头是从被拍摄物体的斜面进行拍摄，是一种介于正面、侧面之间的拍摄角度。可以在一个画面内同时表现对象的两个侧面，给人鲜明的立体感，这样可以将对象正面和斜侧面比较完整地拍摄下来。

（3）仰视。仰视镜头是指在拍摄中抬头拍摄，仰拍构图因其角度的不同，又可以分为30度仰拍、45度仰拍、60度仰拍、90度仰拍。仰拍的角度不一样，拍摄出来的视频效果自然不同，只有深入了解它们的细微差距，才能拍出不一样的画面。

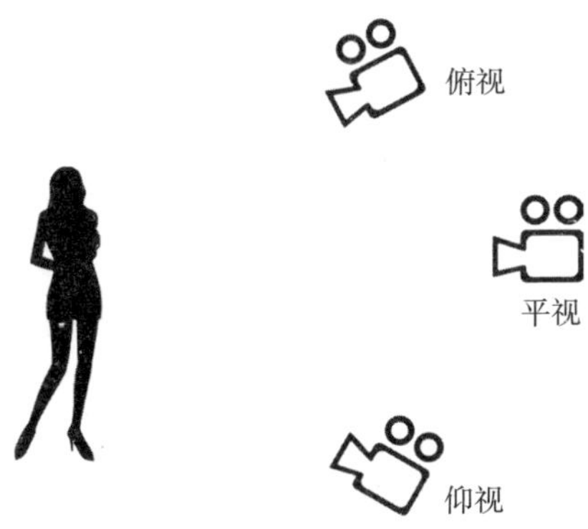

（4）俯视。俯视镜头是要选择一个比主体更高的拍摄位置，主体所在平面与摄像师所在平面形成一个相对的夹角。这种拍法，最经典的就是用来拍摄近距离作品，如拍摄花卉，能够充分展示主体的细节。

小贴士：拍摄小技巧

（1）学习拉片。拉片，顾名思义，就是看电影（视频）跟拉锯一样，一格一格地反复看，不停地倒带，同时分析记录下你看到的、总结的镜头语言，把每个镜头的内容、场面调度、运镜方式、景别、剪辑、声音、画面、节奏、表演、机位等都记录下来，最后对这个电影（视频）做一个总结。书读百遍，其义自见。那我们看电影（视频）也一样。拉片就是抽丝剥茧地读懂一部电影、一个视频，就能慢慢积累、逐步提高我们的影像思维，提高我们的拍摄技能。下面分享一个简单版本的拉片表格。

总事件							
事件	分镜头 1	分镜头 2	分镜头 3	分镜头 4	分镜头 5	分镜头 6	分镜头 7

（2）**短视频的清晰度**。要让短视频的呈现变得清晰，有四个要素：一是手机，二是光线，三是拍摄，四是后期处理。下面我们分项给大家讲解。

• 手机

第一，选高像素的手机，像素越高，视频画面的清晰度越高，一般来说，目前各个手机品牌中端系列以上的手机像素，就能满足短视频清晰呈现的要求。

第二，尽可能使用手机的原相机进行拍摄，如果使用了其他拍摄类的App进行拍摄的话，会降低像素。

第三，在原相机的设置上，分辨率要选择1080p，手机相机的设置里一般有三种分辨率：720p、1080p和4k，一般来说我们在设置的时候，选择1080p即可，原因有两个，一是选用4k分辨率会让视频素材、视频文件特别大，不利于剪辑和上传，二是因为短视频平台现在一般只支持上传1080p的视频，选用4k上传也会被压缩成1080p。

第四，在原相机的设置上，帧数率选择60帧，几乎所有手机的相机设置里都有30帧和60帧的选择，我们建议大家选择60帧，因为后期剪辑做慢放处理时，视频不会漏帧和卡顿。

• **光线**

光线是影响短视频清晰度很重要的一个因素，不管是室内还是户外，一般来说光线越好，拍摄环境和拍摄主体的清晰度就会越高。当光线不足的时候，我们的视频画面就会出现噪点，极大地影响视频的清晰度。在运用光线的时候，室外最适合拍摄的时间是早上6～10点和下午的4～6点，而最不适合拍摄的时间是下午2点左右，因为那个时候阳光最强烈，而且正好在我们的头顶上方，容易在脸上出现过多的阴影，同时画面的明暗对比过于强烈。而在室内拍摄时，要充分考虑室内光线是否充足，布置的补光灯有多少，灯的亮度够不够，墙面和装修是深色系还是浅色系，这些因素都会影响拍摄时的画面清晰度。

• **拍摄**

第一，我们在拍摄前要用镜头纸或柔软的棉布轻轻擦拭手机的摄像头。

第二，用原相机拍摄时，最好使用手机的后置摄像头进行拍摄，因为后置摄像头的像素要比前置摄像头高很多，而且前置摄像头一般不能设置60帧的帧率。

第三，拍摄时环境要干净整洁，避免拍摄场景中环境的脏乱差，这也会让观众从视觉上感觉到画面的不清晰。

第四，拍摄人物时，尽可能避免选择跟衣服或皮肤颜色相近的背景，对比强烈会让视觉感受清晰一些。

第五，拍摄时避免镜头晃动，尤其是做推拉摇移升降等镜头移动动作时，保持镜头的稳定，会让画面更清晰，可以选用三脚架或是稳定器来帮助保持镜头和画面的稳定。

• **后期**

第一，在后期剪辑制作短视频时，尽量使用原始素材进行剪辑，而不是用多次输出的素材。

第二，用剪映或是其他剪辑软件对视频进行适度地调色，调色之后颜色对比更强，会让视频显得更清晰。但剪辑人物拍摄素材时，避免过度美颜，损失画面的清晰度。

第三，视频制作好以后，避免用社交软件进行传输，每传输一次，视频就会被压缩一次，从而降低视频的清晰度。

第四，剪辑完成后，导出短视频作品时，一定要用1 080p和60帧来进行视频导出，保证视频的清晰度。

二、短视频剪辑技能

（一）剪辑思路和剪辑流程

短视频的剪辑可以提升作品质量，从而促进完播率、点赞率等核心数据的提升。剪辑的核心是让作品拥有节奏感。短视频的节奏感从哪里来呢？一是画面的切换转接，二是音乐音效的节奏。为什么短视频平台上，一些有着好听背景音乐的视频会频频上热门，卡点音乐视频的完播率很高呢？因为这些短视频的节奏感都非常强，可以把观众带到视频和音乐的氛围里来。

短视频的剪辑思路，简单地说就是做数学题，做好加减法就可以剪辑好一条短视频。先对所有拍好的素材做减法，剪掉多余的部分，再加上有趣、有用的素材（音效、特效、音乐、素材、图片）。剪辑短视频就像我们装修房子，把不要的拆掉，把需要的留下来，先做减法，再做加法（水泥、砖头、水电、瓷砖、木工、油漆、地板、衣柜等）。根据这个思路，我们可以按照下面的整体流程进行视频剪辑。

（1）调整原片素材的位置（理顺剪辑思路，就像做好装修格局的规划和设计）。

（2）调整视频素材的尺寸（做好视频画面尺寸的统一，就像

把房子的地面铺平，有统一的水平高度）。

（3）调节视频素材的速度（根据视频结构和视频时长，先统一对素材速度进行调整）。

（4）分割和删除视频素材（根据剪辑需求，对素材进行整体浏览后，做相应的删除或剪短，就像装修时拆除不要的部分）。

（5）添加美颜、滤镜（对每一段剪辑好的素材进行细节调整，就像装修时做墙面、地面等硬装修）。

（6）添加素材之间的转场（对素材和素材之间的连接做转场处理，就像我们给每个房间的门进行安装和调试）。

（7）添加视频素材（对视频进行整体审视，根据视频结构和视频呈现，再做素材的添加、延长或删除、缩短，就像装修时对硬装部分进行调整和优化）。

（8）添加字幕、音效、音乐、特效、贴纸（根据视频的脚本和同期录制的声音，做字幕、音效等的添加，就像装修时做软装修）。

（9）设计封面，添加标题（对剪辑的视频做最后的完善，就像装修好以后，在房门上贴上对联，庆祝乔迁之喜）。

（二）便捷的剪辑工具和剪辑的基本功能

短视频的拍摄与上传非常讲求时效性，对于许多非专业短视频创作者来说，要用专业的设备完成视频的拍摄，又用专业的软件做剪辑和后期处理工作，是一件费时费力的事情，而且学习成本也很高。抖音的剪映和快手的快影这两款软件，在专业剪辑软件的基础上，进行了功能的简化和操作的简化，可以更加方便地进行短视频的剪辑、后期处理和输出工作，满足了绝大多数短视频创作者追求时效性和轻量化的需求，并且这两个App在手机的应用商店里可以很方便地下载，完全免费，还可以实现手机、ipad、电脑多终端的同步。从短视频剪辑经验和大家使用的反馈来看，大多数剪辑软件里，20%的基本功能就能满足我们80%的需求。

下面我们以剪映为例，为大家介绍剪映的基本功能，这些基本功能就可以满足我们绝大部分的剪辑需求。

1.视频切割：支持用户自由选择素材片段并进行分割操作。

2.视频变速：可以对视频、音频、动画素材进行变速处理，支持0.2倍至4倍变速，节奏快慢自由掌控。

3.视频倒放：拥有趣味的视频倒放功能，帮助用户轻松营造时光倒流效果。

4.比例画布：支持用户自由变换视频的比例大小及颜色。

5.特效转场：可为视频添加叠化、闪黑、运镜等多种转场效果。

6.贴纸文本：提供独家设计手绘贴纸和风格化字体、字幕，帮助用户打造个性化视频效果。

7.独家曲库：剪映有专门的曲库，海量音乐令视频更加“声”动。同时需要注意的一点是，当你从剪映曲库里选择音乐作为视频的bgm（背景音乐）时，可以规避音乐版权的风险。

8.美颜滤镜：智能识别脸形，定制独家专属美颜方案；多种高级专业的风格滤镜和调色选项，拯救视频色彩，让视频不再单调。

9.同款剪辑：热门短视频一键“剪同款”，可以轻松帮助新手用户做出“大片”效果。

10.自动踩点：根据音乐旋律和节拍，自动对视频进行标记，用户可以根据标记轻松地剪辑出极具节奏感的卡点视频。

（三）短视频剪辑基本功能讲解（以剪映为例）

1.视频素材处理。

（1）添加视频素材。

第一步：打开剪映，点击“开始创作”。

第二步：选中需要剪辑的视频，点击“添加”。

图 5-18

图 5-19

（2）分割视频素材。

第一步：选中要分割的视频素材。

第二步：将剪辑线移到需要分割的位置，点击“分割”键。

图 5-20

（3）调整视频素材顺序。

图5–21

第一步：选中视频素材。

第二步：拉动素材，便可向前向后调整素材位置。

（4）复制和删除视频素材。

图5–22

图5–23

复制视频：选中需要复制的视频片段，在工具栏找到“复制”键复制即可；

删除视频：选中需要删除的视频片段，在工具栏找到“删除”键删除即可。

（5）实现视频素材的变速。

第一步：选中需要变速的视频片段。

第二步：在工具栏找到“变速”键，注意有常规变速和曲线变速两种，根据自己的需要进行变速。

图5–24

（6）调整视频素材的画幅比例。

第一步：添加完视频素材后，在工具栏找到“比例”键。

第二步：根据自己的需要选择画幅比例（一般平台都是推荐9∶16和16∶9，分别为横屏和竖屏）。

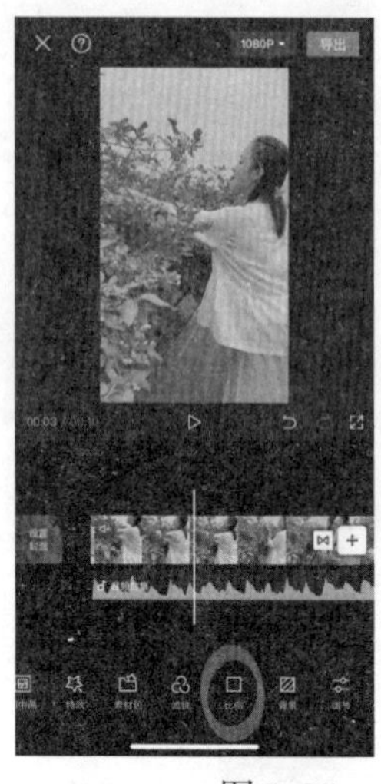

图 5–25　　图 5–26

（7）替换视频素材。

图 5–27

第一步：选中需要替换的视频片段，在工具栏找到“替换”键。

第二步：选择需要替换的视频素材，添加即可。

（8）去掉视频素材的原声。

图 5-28

图 5-29

第一步：选中需要去掉原声的视频片段，在工具栏找到“音量”键。

第二步：将音量调到0即可。

2. 画面调整。

（1）旋转画面。

图 5-30

图 5-31

第一步：选中需要旋转画面的视频素材，在工具栏找到“编辑”键。

第二步：找到“旋转”键点击即可。

（2）裁切视频画面尺寸。

图5-32

图5-33

第一步：选中需要裁剪的视频素材，在工具栏找到“编辑”键。

第二步：找到并点击“裁剪”键，根据自己的需要，拖动素材边框调整即可。

（3）使用“画中画”功能。

图5-34

图5-35

第一步：上传视频素材后，从工具栏找到“画中画”键。

第二步：进入后点击“新增画中画”，在素材中选择需要添加的画面即可。

（4）对画面做“镜像处理”。

图5–36

图5–37

第一步：选中需要处理的视频素材，在工具栏找到“编辑”键。

第二步：找到“镜像”键点击即可。

（5）添加动画效果。

第一步：选中需要添加动画的视频素材，在工具栏找到“动画”键。

第二步：点击“动画”键，出现“入场动画”“出场动画”“组合动画”，根据自己的需要选择即可。

图5–38

3. 背景画布。

（1）添加彩色画布背景。

图5-39

图5-40

第一步：上传视频素材后，从工具栏找到“背景”键。

第二步：点击“背景”键，选择“画布颜色”，根据自己的需要选择即可。

（2）应用画布样式。

图5-41

图5-42

第一步：把横屏素材处理成竖屏时，上传视频素材后在工具栏找到“背景”键。

第二步：点击“背景”键，选择“画布样式”，根据自己的需要选择即可。

（3）设置模糊画布。

图5-43

图5-44

第一步：把横屏素材处理成竖屏时，添加完视频素材后在菜单栏找到“背景”键。

第二步：点击“背景”键，选择“画布模糊”，根据自己的需要选择即可。

4. 画面处理。

（1）设置视频分辨率。

图5-45

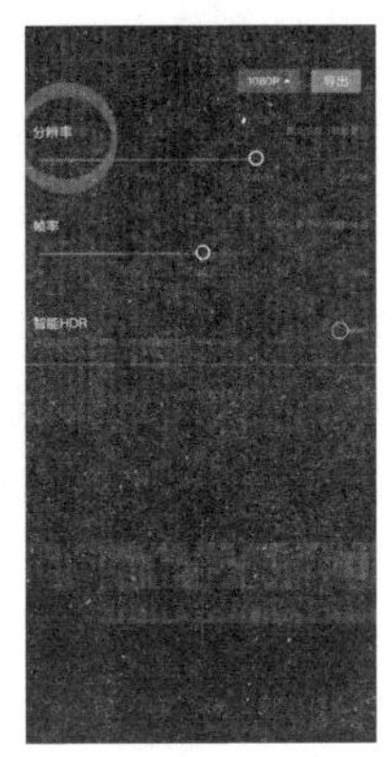

图5-46

第一步：添加视频素材后，在屏幕右上角找到“1 080p”。

第二步：点击“1 080p”，找到“分辨率”，根据自己的视频需要选择不同分辨率进行调整，一般我们都选择1 080p，保证短视频的清晰度。

（2）添加和去除片尾。

图5–47

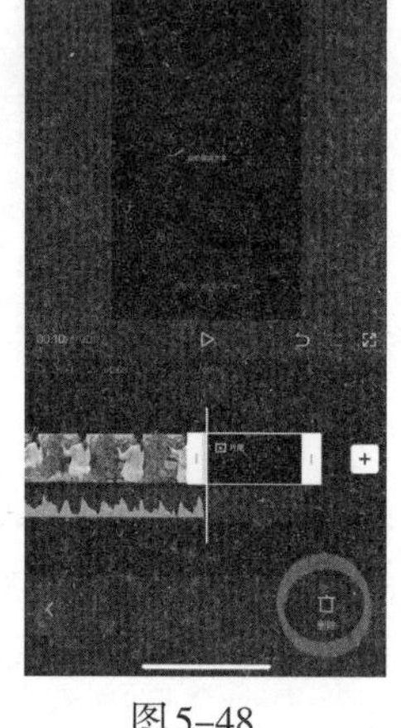

图5–48

添加片尾：视频剪辑完成后，拉到视频的最后，找到“添加片尾”，上传需要添加的片尾，或选择素材库里的片尾素材即可。

删除片尾：点击已经上传的片尾，在菜单栏找到“删除”键，删除即可。

5.转场处理。

（1）应用基础转场淡入淡出。

第一步：添加两段视频素材后，两段视频中间会出现小方块，点击小方块。

第二步：找到“基础转场”，选择自己喜欢的类型即可。

图5-49

图5-50

（2）运用运镜转场。

图5-51

图5-52

第一步：点击两段视频中间的小方块。

第二步：找到“运镜转场”，选择自己喜欢的类型即可。

（3）使用特效转场和遮罩转场。

图5-53

图5-54

第一步：点击两段视频中间出现的小方块。

第二步：找到“特效转场”和“遮罩转场”，选择自己喜欢的类型即可。

6. 后期处理。

（1）视频画面调色。

图5-55

图5-56

第一步：剪辑完视频后，回到工具栏第一层，找到“调节”键。

第二步：点击“调节”键，找到“新增调节”，根据不同功能的提示进行画面色调的调整。

（2）滤镜功能。

第一步：剪辑完视频后，回到工具栏第一层，找到“滤镜”键。

第二步：点击“滤镜”键，选择自己需要的滤镜类型即可。

图5–57

7.音乐音频。

（1）分割音频。

图5–58

第一步：选中需要分割的音频素材，在工具栏找到“分割”键。

第二步：在需要裁剪的位置，点击“分割”键即可。

（2）删除音频。

图5-59

第一步：选中需要删除的音频素材。

第二步：在工具栏找到“删除”键，点击即可。

（3）添加抖音热门音乐。

图5-60

图5-61

第一步：在视频素材下方工具栏找到“音频”键。

第二步：点击“音频”键，找到“音乐”键，在里面选择热门音乐即可。

（4）添加抖音中收藏的音乐。

图5-62

图5-63

第一步：在视频素材下方工具栏找到“音频”键。

第二步：点击“音频”键，找到“抖音收藏”键，添加收藏的音乐即可。

（5）提取视频中的音乐。

图5-64

第一步：在视频素材下方工具栏找到“音频”键。

第二步：点击“音频”键，找到“提取音乐”键点击。

第三步：选择一段视频或音频，即可提取。

（6）通过链接导入音乐。

图5–65

图5–66

第一步：在视频素材下方工具栏找到“音频”键，点击“音频”键，找到“音乐”键。

第二步：找到“导入音乐”，将找到的音乐链接复制进去即可。

（7）调节音频的音量。

第一步：选中需要调整的音乐素材，点击工具栏的“音量”键。

第二步：根据需要的音量大小进行调节即可。

图5–67

（8）音频的淡化处理。

图5-68

图5-69

第一步：选中需要处理的音乐素材，点击工具栏的“淡化”键。

第二步：出现“淡入时长”和“淡出时长”两个，淡入是指音乐的开头，淡出是指音乐的结束，根据自己的需要进行淡化处理。

（9）音频的降噪处理。

图5-70

图5-71

第一步：选中需要处理的音乐素材，点击工具栏的“降噪”键。

第二步：打开“降噪”键即可。

（10）使用音频的变速功能。

图5–72

图5–73

第一步：选中需要调整的音乐素材，点击工具栏的“变速”键。

第二步：拖动小红点进行变速即可。

（11）使用变声功能。

图5–74

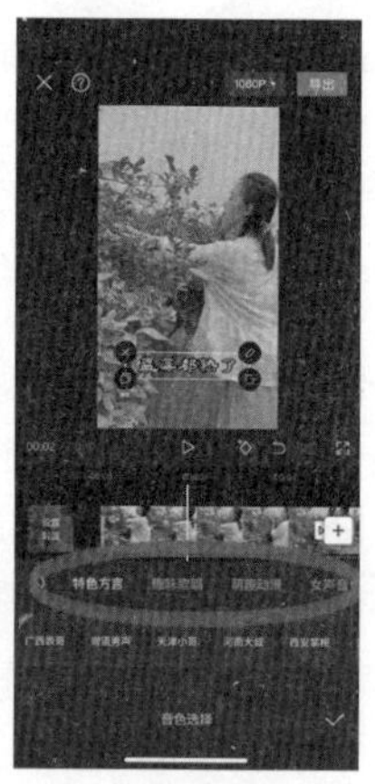

图5–75

第一步：选择视频素材里的文字，在工具栏找到“文本朗读”。

第二步：选择你喜欢的不同声音类型，点击使用即可。

（12）在剪映里为视频配音。

图 5–76

图 5–77

第一步：在视频素材下方工具栏找到“音频”，点击进入。

第二步：找到并按住“录音”键，对着话筒说话即可为视频配音。

（13）添加音效。

图 5–78

图 5–79

图 5–80

第一步：在视频素材下方工具栏找到“音频”，点击进入。

第二步：找到“音效”键，点击进入。

第三步：在几百种不同的音效中，选择添加即可。

(14)使用音乐卡点功能。

图5-81

图5-82

第一步：选择需要卡点的音乐片段，在工具栏找到“踩点”键。

第二步：进入后，找到“自动踩点”键，打开。

第三步：根据“自动踩点”的提示，进行画面的剪辑。

8.贴纸特效。

(1)添加贴纸。

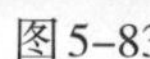

图5-83

图5-84

第一步：在视频素材下方工具栏找到“贴纸”键，点击进入。

第二步：找到“添加贴纸”，里面有几百种贴纸可供选择，添加即可。

（2）添加自定义贴纸。

第一步：在视频素材下方工具栏找到“贴纸”键，点击进入。

第二步：最左边有一个图片的标，点击以后进入自己的手机相册，选择需要添加的照片即可。

图 5–85

（3）添加特效贴纸。

图 5–86

图 5–87

第一步：在视频素材下方工具栏找到“特效”键，点击进入。

第二步：进入后，里面有“画面特效”和“人物特效”，选择自己需要的特效类别即可。

9. 字幕处理。

（1）自动识别并生成字幕。

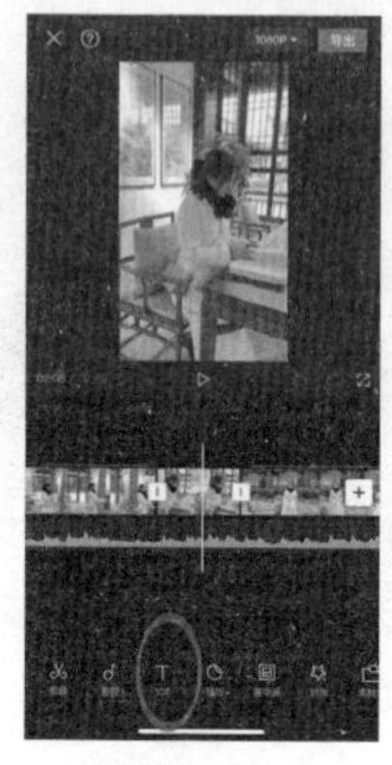

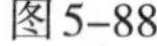

图 5-88

图 5-89

第一步：在视频素材下方工具栏找到“文本”键，点击进入。

第二步：选择“识别字幕”，点击“开始识别”即可。

（2）调整字幕的大小和位置。

图 5-90

第一步：点击视频中的文字，选中后文字周围出现一个白框。

第二步：手动拖动白框，即可调整位置和大小。

（3）把语音转为字幕。

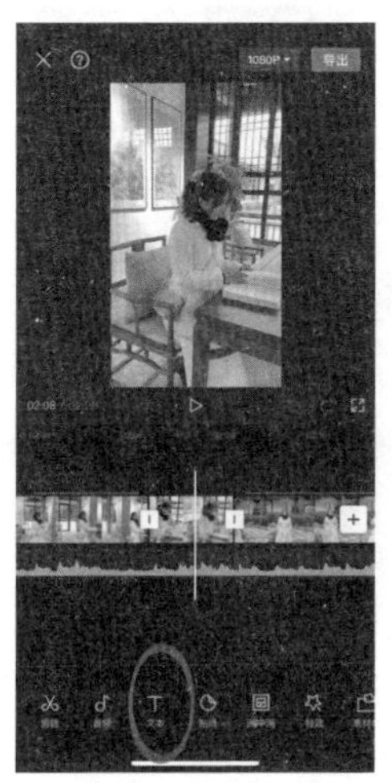

图5–91

图5–92

第一步：在视频素材下方工具栏找到“文本”键，点击进入。

第二步：选择“识别字幕”，选择“仅录音”，点击“开始识别”即可。

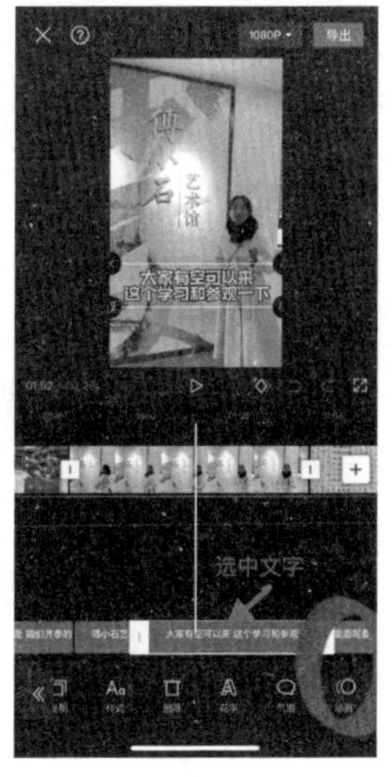

图5–93

（4）应用字幕动画。

第一步：选中需要应用动画的字幕，在工具栏找到“动画”键，点击进入。

第二步：在“入场动画”“出场动画”“循环动画”中，根据自己的需要选择即可。

（5）制作视频封面。

图5–94

第一步：视频剪辑完成后，拉到最左边找到“设置封面”点击进入。

第二步：封面设置有“视频帧”和“相册导入”两种，“视频帧”是指在视频中选择一个画面，“相册导入”是指在自己的相册中选择一张图片作为封面，根据自己的需要选择即可。

10. 人物美颜。

第一步：选择一段人物视频素材，在菜单栏找到“剪辑”，点击进入。

第二步：找到“美颜美体”，在“智能美颜”“智能美体”和“手动美体”中，根据自己的需要进行美化即可，一般美颜本着不失真的原则，不宜太过夸张。

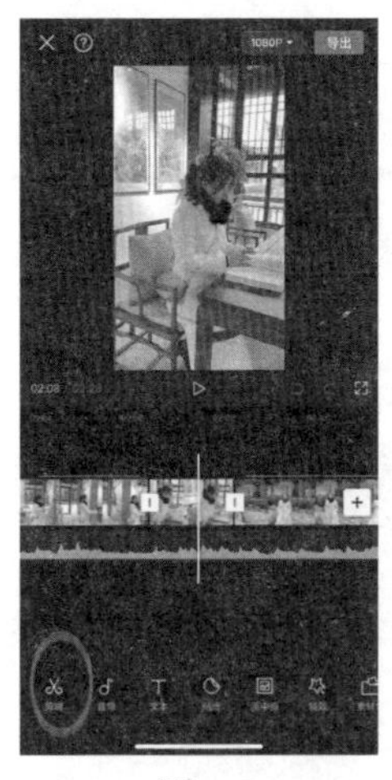

图5-95　　　　图5-96

11. 视频特效。

（1）基础特效。

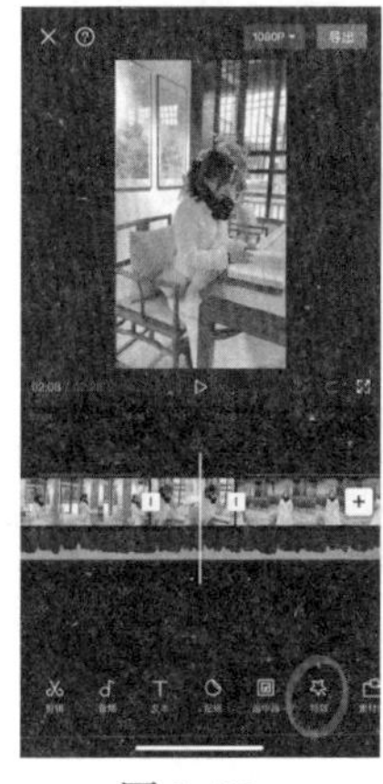

图5-97

图5-98

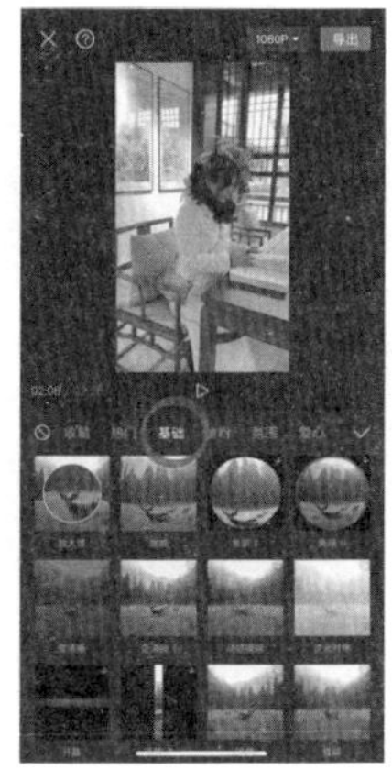

图5-99

第一步：在视频素材下方工具栏找到“特效”，点击进入。

第二步：进入后，点击“画面特效”进入。

第三步：找到“基础”或其他类型里的不同特效，选择使用即可。

（2）漫画特效。

图5-100

第一步：选择一段人物视频素材，在工具栏找到“特效”，点击进入。

第二步：进入后，点击“画面特效”进入。

第三步：找到“漫画”，选择不同的特效使用即可。

（3）自然特效。

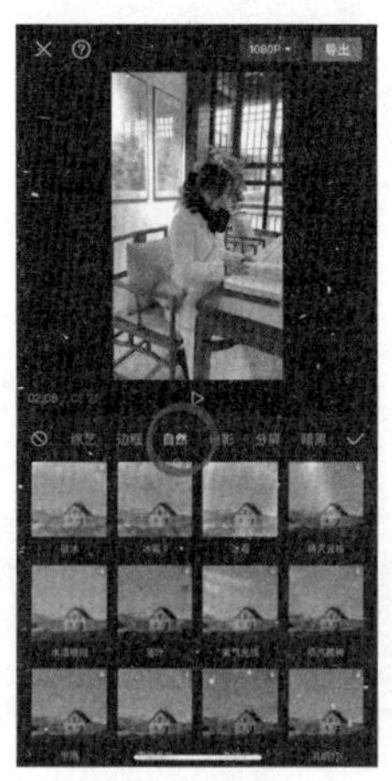

图5-101

第一步：选择一段视频素材（自然风景素材），在工具栏点击“特效”进入。

第二步：进入后再点击“画面特效”。

第三步：找到“自然”类型，选择不同的特效使用即可。

（4）分屏特效。

图5-102

第一步：在视频素材下方工具栏找到“特效”，点击进入。

第二步：进入后，点击“画面特效”进入。

第三步：找到“分屏”，选择里面不同的特效使用即可。

三、短视频文案写作技能

短视频文案分为两部分，一是短视频标题文案，二是短视频脚本文案。二者的结合加上短视频影像就构成了一整个短视频内容。做好一个短视频文案首先要遵从短视频文案的写作原则。

（一）短视频文案写作原则

1. 短视频标题文案。

短视频的标题文案是短视频的灵魂，不管你拍摄的是日常视频，还是知识类、情感类等类型的短视频，好的标题文案都是引发传播、引发观众互动的关键因素。

撰写标题文案时，要思考产品、目标观众、自身优势、观众为什么关注这条视频等方面，简单地说，就是你的产品是什么，你的视频给谁看，你跟其他主播有什么区别，观众为什么信任你。

因此，标题文案在写作时要遵循四点原则，即找到矛盾、引发共鸣、呈现趣味以及契合三观。

找到矛盾，是指标题文案可以多用疑问句，可以问观众有没有亲身体会过，可以用不同观点引发观众的争议。例如：农民年薪百万是一种什么样的体验？为什么你找不到合适的人结婚？

引发共鸣，是指标题文案的内容要从目标观众的心理出发，巧妙地占领观众的心智。例如：自爱自重，努力让钱包鼓起来；旅游，只是从你呆腻了的地方，来到别人呆腻了的地方。

呈现趣味，是指标题文案要让人觉得这个人是个奇葩，或者这个观点很有趣，让人眼前一亮。例如：情人节，我给心爱的姑娘送了一个蔬菜大棚。

契合三观，是指标题文案要有端正的三观，三观不正，得不到目标人群的认同，也得不到平台流量的助推。

2.短视频脚本文案。

故事脚本对于短视频来说也至关重要。脚本文案指短视频的文学脚本、人物对话、解说词、旁白等，确定了脚本文案，也就确定了故事的发展方向，能提高短视频拍摄的效率和质量，也能够指导短视频的剪辑。短视频的脚本文案通常要遵循以下五个原则。

第一，文案要短。短小精悍也是短视频脚本的精髓。短视频的长度可从15秒到3分钟不等，我们压缩脚本文案的长度，就是压缩了视频的长度，也减少了视频创作的成本。

第二，内容合理。创作短视频有时可以随心所欲，但是，文案内容的合理性依旧不能被忽视。不能不顾前后情节的合理性，生硬地制造故事的反转，这会让观众摸不着头脑，或是产生厌

烦，直接划走视频。

第三，视觉语言。短视频是利用画面来讲故事，所以短视频的脚本文案要有画面感，要为故事设计视觉背景，把人物的性格、职业、社会地位等用镜头画面表现出来。

第四，抓完播率。短视频时长有限，完播率决定了一条短视频的优秀与否，以及观众的喜爱程度。所以脚本文案的第一句就要让人眼前一亮，就是所谓的黄金三秒定律。前三秒要让观众对故事有所期待，进而将视频看完，此时抓住观众的好奇心就显得非常重要，这就是一个优秀的短视频文案所能带来的魔力。

第五，拒绝啰嗦。短视频播放时间有限，不浪费任何一秒钟，尽最大可能留住观众的关键点是语言精练、表演紧凑、剪辑连贯，拖拉冗长的剧情不可取。

（二）短视频文案写作技巧

短视频文案写作应当掌握哪些技巧，才能为短视频的呈现打下坚实基础呢？

1.短视频标题文案。

第一，蹭热点。紧跟热点可以在短时间内撬动平台的流量，让你的短视频随着热点传播给更多的观众，当然，并不是空有热点就能带来流量，要在保证文案内容质量的基础上借力打力。

第二，低门槛。热门视频通常都有一个比较低的理解门槛。写一篇人人都能看懂、人人都能有所体会的短视频文案，就有可能影响到更多的观众人群，就更有可能成为爆款视频。

第三，求共鸣。热门短视频一定是和观众产生了共鸣，做到了同频共振。共鸣可以是别人对你观点的认同，也可以是别人对你观点的不认同。无论是认同的追随，还是不认同的争论，从传播角度来说，都是强有力的抓手。

第四，追名人。明星、名人、网红拥有更多的影响力，通过娱乐化的方式和用户进行情感互动，是一种引流的好方法。除了明星娱乐八卦，还有名人的趣事以及某些“秘密”，这样的内容对观众具有足够的吸引力，但要规避传播造谣、人身攻击等负面价值观。

标题文案常用的写法举例如下：

互动式：①“这么美的乡村民宿，你打多少分？”②“有多少人觉得 ××× 怎么样？”

叙述式：“每天给我们送外卖的小哥，只能在快递路上吃个馒头，北漂不易啊”

悬念式：①“后面有惊喜”②“最后大哥表情亮了！”

恐吓式：“每天都吃的米饭，你吃对了吗？”

共谋式：“1个月，从钢筋水泥切换到田园牧歌……你也可以做到”

2. 短视频脚本文案。

在短视频的拍摄和制作中，文案脚本就是一个故事的模板，是在拍摄开始之前搭建的一个拍摄框架。脚本文案具体可以参照以下五个方面去写。

第一，拟定大纲。列大纲的目的在于提前设计好人物、环境之间的联系，根据账号定位确定故事情节的脉络，建立故事框架。当拍摄内容涉及产品时，可以把产品作为一个特殊“道具”，设计到故事情节中。

第二，定好主线。任何类型的脚本文案都离不开主线，主线可以是一个感悟，可以是一件事情，也可以是一个人物。例如，李子柒的短视频，始终以农村生活的日常为主线来展开，有时候是做饭的过程，有时候是搭建篱笆的过程，有时候是制作果酒的过程。她的视频内容始终与农村生活相关，这就是她的视频主线。

第三，场景设计。短视频的特点在于短、平、快，制作成本低，在短短的一分钟内表达一个中心主题。乡村短视频可以用好真实、多样的场景，让观众更有代入感。例如，乡村的一片田野、一片水塘、清晨的街景等，都可以作为场景，只要场景选择得当，和主题内容相结合，就会给观众带来清新、亲切、自然的体验和感受。

第四，把控时间。好的脚本文案能够合理把控时间，首先是在前三秒就抓住并留住观众，然后每隔三至五秒，在文案中设置各种丰富的细节信息，不断地吸引观众看完视频。

第五，升华主题。撰写脚本文案时，很重要地一点就是要时刻想着什么样的内容对观众来说是“有用”的，可以是一段心灵鸡汤，可以是一段技能，也可以是一个过程步骤，总之，脚本文案需要设置一个“价值点”，让观众点赞、评论甚至关注。

第六，我们在写脚本文案时，要有画面感，要有细节的体现。我们在拍摄和剪辑短视频时，会尽量多地运用近景镜头和特写镜头。由于短视频的画面大小所限，因此我们拍摄时，场景的选择不宜复杂，镜头不宜多变，多体现近景和特写镜头，可以提升观看舒适度。

四、直播技能

（一）流量思维

短视频要从观众感兴趣的内容出发去创作，因为能让更多的人看到，是直播带货的先决条件。流量思维就是你所创作的内容要吸引更多的人来看。特别是在做农产品直播时，流量思维是不可或缺的，要先让人看到直播，并被直播吸引，然后才能让人了解产品和购买产品。

直播带货的流量思维，最有效的方式之一是“蹭热点”。借热点的“聚睛效应”，把直播快速推上热门。直播引流短视频结合热点事件，就可以“借到流量”。我们可以借用热点短视频的叙事形式、故事框架或场景设计，也可以借用热点短视频的内容，把热点内容或热点人物与自己的引流短视频产生关联。

农产品直播引流的短视频在蹭热点时，需要注意几个方面。首先，蹭一些有争议（有共鸣）或突发性的热点；其次，蹭的热点要与农产品或乡村生活相结合；最后，在蹭热点的同时，设计有趣味的反转情节，让故事情节更有趣。

直播间引流，还有一些其他的方法和技巧。

（1）多平台引流。我们可以利用其他的平台来推广直播间。

例如在微博上发布图文信息，告知粉丝你的开播时间，并放出福利诱饵，吸引更多观众进入直播间。还可以通过各种奖励方式，例如转发、评论赠送礼品等，通过粉丝的裂变传播，推广你的直播间。还可以利用微信公众号、微信朋友圈发布你的直播间二维码，通过社群传播，告诉你的朋友们直播时间，邀请朋友们进入直播间。

（2）直播预热。短视频预热文案的重心在于，你要告诉别人你将在什么时间，什么场景做什么事，有没有福利，有什么亮点等，激发用户看直播的欲望，例如有几轮红包，有什么赠品，会送什么福利等。这都是流量思维中必须要有的步骤。

（3）保持优质内容的持续输出。在直播开始前，借助多方力量为直播间积聚人气，直播间有了一定人气之后，更用心做“内容”，源源不断地输出优质内容,才能留住直播间的观众，从而让平台推送更多的流量，吸引新观众的关注。

（4）福利导流。在直播过程中，可以通过各种方法来引流。例如通过抽奖、红包，增加直播间的互动氛围，增加直播推荐流量。因为直播间的人气直接决定了当场直播带货的销量，做福利的目的是增加观众和粉丝的黏性，福利力度足够大，加上直播间的内容对观众有吸引力，就会让观众产生黏性，在此过程中，与观众建立信任关系，逐渐实现产品转化。

（5）付费引流。除了免费的自然流量，还有付费的流量。换句话说就是花钱买流量，但付费的流量到底能转化多少粉丝、产生多少互动、产生多少购买量，这些和付费推广的投放技巧、短时内作品的质量、账号的权重等因素有很大的关系。付费流量和广告投放一样，要掌握投放经验，才能最大限度地发挥付费流量的作用，在付费获取流量时，要有明确的目的，精准、定向进行投放，加热直播间人气。

拥有流量思维是我们变现的先决条件，但无论是短视频还是直播，核心是内容的品质，保证高质量的内容，才是源源不断吸引流量的关键。

（二）口语表达

直播迎来了“随走、随看、随播”的4.0移动视频直播时代，网络直播迅速成为新型表达方式及互动平台。来自不同行业、不同年龄层次的普通大众用户纷纷开启网络直播体验，依据个人兴趣爱好选择相应的网络直播平台成为网络主播或直播用户，传播主体朝着“泛众化”发展，人人都是主播，作为直播的重要组成部分，口语就变成了直播内容的载体。

不同于电视直播，网络直播在真正意义上还原了人类面对面的、即时互动的情境。它更具有口语化和生活化的特质，以极强的网络互动性加强了人们自我表达和维系情感的需求，同时也创造了沟通交流的生活化情景。在一段较长的直播过程中，能够利用口语表达实现直播带货的目的、保持直播间的热度、提高销售额就变得极其重要。

1. 口语表达。

在直播带货中，主播的话术是直播间成交转化的关键因素。直播话术主要是产品卖点、互动促单、带动氛围的口语表达。

第一，直播逻辑。在直播中，主播没有彩排时间，所以讲出的话会在第一时间传递给直播间的粉丝，那么将一件事、一个产品用通顺的语句表达出来，且保持因果关系清晰就是逻辑能力。例如，主播在直播中提到了春播时的故事，但由于逻辑混乱，突然间又跳讲到了隔壁邻居的家长里短，前言不搭后语，这样就容易导致大批的粉丝离开直播间。

第二，语速与停顿。直播时的语速太快会增加听众的理解难度。在直播过程中，连贯表达并不是语速快，适当的停顿也会提升表达效果。

第三，语调。在与粉丝的互动中要调整音调，不要平白直述地说话，那样会引起视听疲劳，对于一次长时间的直播来说，过于平白的语调会导致直播的失败。所以直播过程中，主播的口语表达要具有煽动力，能挑起观众的共鸣，进而配合情绪，感情到位，让直播间变得热闹起来，只有观众听得进主播所讲的话，并且印象深刻，才可能完成成交转化。

第四，准确。直播时主播虽不能确保所说的话为标准普通话，但要确保自己的方言特色“普通话”能够让直播间的粉丝听明白。减少因口音引起的销售阻碍是每个农民直播销售员要掌握的必要技能。

直播口语表达就是一个不断练习、熟能生巧的事情。对于新手而言，在直播前最好找一些直播时可能会谈到的事情，做一个大纲，锻炼用自己的方式和语言表达出来，也可以找到一个与自己风格相像的主播，去借鉴他/她的表达方式、讲话技巧、肢体语言等。

直播中，主播还需要注意一些事项，避免让自己的口才毁在细节上。

首先，减少语气助词。比如，那、然后、是不是、知道吗、对不对、嗯嗯等，这种口语虽不是大问题，但是对于听你说话的人来说，极容易产生厌烦情绪，会诟病主播。主播要时刻提醒自己是直播间成交转化的重要因素，不要因为自己的小问题损失掉销售额。

其次，减少重复的废话。比如直播时给大家推荐的一款农产品品质上乘，第一次讲了“特别好吃”会引起粉丝的购买欲望，但在长达2个小时的直播中频繁用到“特别好吃”，就会给观众留下主播啰唆、词汇量过少、对产品了解不充分的印象，因此产生不信任感。

最后，避免讲专业术语。在产品的专业术语需要费时解释、存在争议时，主播要避免去说这样的词汇，避免卖货直播成了对与错的博弈现场。选用通俗的话去描述产品，既贴近粉丝，又直观表达出产品的特点，最大程度地促成产品成交。

除了以上需要避免的直播语言习惯，主播可以在直播销售过程中尽可能多地举案例，在便于粉丝理解的同时，还可以带入主观视角，以我吃过/用过之后是什么样的感受，有什么样的效果等，把体验说得越详细越生动越好，做到自然且极具说服力。

在直播的过程中，一定会与粉丝进行互动，当互动话题会影响主播卖货的节奏时，主播要用自己的语言方式控场，将不相关的互动话题引导回直播产品上，主播偶尔的幽默也会让整个直播更具人情味，拉近和粉丝的距离。

2.直播话术。

话术是指说话的技巧，可以更加完善地表达出自己的意愿，收获良好的结果或者自己预期的结果。直播话术是促成成交转化的重要直播语言技巧。要想直播销售效果好，直播话术少不了。通常，一场成功的直播销售会涉及的话术包含六个部分，即留人话术、互动话术、产品介绍话术、成交话术、催单话术、结束话术。

（1）留人话术。直播间没有人，再好的产品也是白搭。留人顾名思义就是要留住直播间里的粉丝，提高直播间的留存率，也有助于增加直播间的推荐流量。因为根据直播平台的推荐算法，直播间人越多，互动率越高，系统就会把你的直播实时地推荐给更多感兴趣的人。

主播可以利用秒杀、抽奖、买几送几等粉丝福利活动，留住观众和意向客户。比如某头部主播每场直播开头都是那句“话不多说，我们先来抽一波奖。”用这种方式将进入直播间的观众留住，且贯穿整个直播，每次福利间隔8 ~ 10分钟，这样既可以留住原有的粉丝，又可以吸引后来的粉丝留在直播间。

此外，及时回答粉丝的提问也会促成成交。因为一个可以耐心解疑的主播会给粉丝安全感，增加信任感。

（2）互动话术。除去头部主播自带IP属性，所有的新人主播想要留人促转化，就必须让直播间的粉丝参与进来，与你产生互动。互动包括直播间内关注、点赞、评论、送礼物、加入粉丝团等，其中“点赞”也成为重要的考核指标之一。因此，基于开播目的，要尽量引导用户进行有效互动，其中点赞、评论、关注相对来说是最简单，也是性价比最高的。

在互动过程中，主播可以利用提问、选择、刷屏式互动方式，比如提问式可以说“这个产品听说过\吃过吗？”选择式可以说“选规格一的按1，规格二的按2”，刷屏式可以说“想要的举手”。两次互动间隔5分钟左右，这样可以持续直播热度。

（3）产品介绍话术。产品介绍是直播销售话术里面最基础也是影响转化率最重要的一点。通常产品介绍话术包括产品举证、专业和场景化介绍两方面。

其中产品举证就是出示产品可信证明，包括但不限于销量截图、网友好评、网红推荐、官方资质、专家背书等。比如周销售额、上市当天销售量、回购率、好评率等。

专业介绍是指从产品的功效、成分、材质、价位、包装设计、使用方法、使用效果、使用人群等多维度介绍产品，越专业、越详细越有说服力（此部分需要主播提前了解熟悉产品单品的脚本）。除了专业，场景化也是影响直播间粉丝是否愿意为你的直播买单的重要因素之一。最简单的方法就是多用比喻句，把虚的比喻成实的，实的比喻成虚的。比如有人在直播间推荐香水的时候，就会把香味比喻成屋顶花园、斩男香、非常适合夏天等这样富有场景感的语言描述。虽然观众闻不到味道，但凭借主播对商品的描述可以想象到香水带给人的感觉，从而打动观众购买。

（4）成交话术。成交话术的核心为打消顾虑、价格锚点及“限”购策略。

其中，打消顾虑可以介绍家人、朋友使用过的经历或者展示自己的淘宝购买订单，证明某款产品是“自用款”，且为重复购买的产品。用话术打消观众对产品的顾虑，同时还要描述出产品的使用需求和购买需求，双管齐下，启发用户的购买欲望。

在粉丝观看直播的过程中设置产品价格锚点，以折扣价激发粉丝的购买欲望。另外限时限量、限“地”限量也是销售促单的一种常用手法。参考话术：数量有限、先到先得；第一批货已经快没有了，赶紧抢。

（5）催单话术。很多观众在下单时可能会犹豫不决，这个时候我们就需要用催单话术来刺激用户下单的欲望。催单话术的关键是营造抢购的氛围，对粉丝发出行动指令，让粉丝产生紧迫感，然后快速下单。

催单话术可以从重复强调产品效果、价格优势和不断提醒用户限时限量入手，可以反复用倒计时的方式督促用户下单。

（6）结束话术。结束话术有时可以为一场直播再掀下单高潮，以限制上架产品数量的方式，控制直播间的销售节奏，也可以给观众营造出紧张、刺激的抢购氛围。除此之外，一款产品或一场直播快结束时，要预告下一场直播、下一款产品的时间、产品、福利。同时再次重复提醒直播间接下来的福利、产品等。

直播话术本身的作用不是机械式地复述，而是有技巧地引导、互动和促进成交。一次次的惊喜让用户很难“抵御诱惑”。同时，不管是哪一种话术，都不是独立存在的，需要主播融会贯通、烂熟于心，在直播间重复、灵活地表达。

（三）故事思维

什么叫故事思维？抖音有一位主播曾为了卖红酒，在国外实地拍了一个月的短视频，讲欧洲的红酒，从葡萄的产地到酒窖，在讲完这些内容后开启了直播，直播当天就卖了价值一千万的红酒出去。这就是讲故事思维。在直播带货中也被叫作憋单，意思是不要去直接介绍产品如何好，在琳琅满目的电商货架上，这种介绍已经不足以吸引人的注意力，但是如果用短视频把产品背后的故事讲好，以农产品为例，可以是村庄的故事，可以是乡村的文化、习俗，也可以是从种植到收获的过程等，总之，故事要围绕产品，但不要只讲产品，让粉丝知道主播足够了解产品，懂产品，值得信任，从而产生订单。

一个只会讲故事的人不一定有故事思维，拥有故事思维的人一定掌握了讲故事的技巧。讲故事和故事思维是不同的两件事，意识到两者之间的不同是极为重要的。故事思维就相当于道，而讲故事就是术。道之本源，术之方法。故事思维是为了应对不同变化来获得认同感的全局性战略，而单独讲故事就只是整个过程里某个环节的具体战术。

每个故事所获得的认同感是不同的，用不同的故事来促成不同的认同感，最终形成统一的目的——带货促单。消费者对产品的认同感从最初的体验到最终的认可也是个逐渐变化发展的过程。

在直播中讲一个跟产品相关的故事，触发听众共鸣是第一要素。要想让听众跟你的节奏走，必须要找到一个真实的故事，并且是跟你、你的产品、企业发生真实关系的故事案例，才能真正感动客户。其二，讲好故事，带入情愫必不可少。要想持续、深入地影响听众，必须要让听众形成记忆。听众的感受来自想象，而想象来自听众心中的情愫被激活。

故事胜于事实已经植根于现代人的头脑中，成为一种处事方式，以故事打动人心，获取认同感，同样适用于直播带货，一段好的故事足可以让粉丝为此买单。

（四）直播状态

主播的直播状态直接影响着后续带货的效果。一个状态很好的主播会为直播间带来活力，会散发个人魅力，与粉丝产生良性互动，进而吸引粉丝的目光，为直播带货埋下伏笔。

很多新手主播会问，为什么自己直播状态不错，直播间还是过于冷清。究其原因，是没有掌握直播间的互动技巧。

第一，态度要端正。主播不要带着情绪上直播，并要做到时刻注意自己的形象，形象不分美丑，只要保持清爽就好。在直播中，主播要在举手投足间表现出热情。直播气氛是王道。直播间气氛的百分之八十都来源于主播的带动，愉悦的气氛可以来源于主播与粉丝的互动，也可以是主播所讲的故事，还可以是对热门话题的谈论。

第二，懂得扬长避短。主播要知道自己的长处，放大自己的长处，放开自己，让自己更自然，更轻松地融入到直播中。

第三，认真、耐心的态度。一场直播两个小时，在这期间免不了会有粉丝提问，这就要求主播有足够的耐心，特别是涉及产品的问题，主播一定要做到认真对待，详细解答，让粉丝感受到主播的真诚，也是提升粉丝黏性的一个重点。

第四，学会抛砖引玉。主播要向头部主播学习经验，学习他们在直播间如何将针对主播的话题转移到粉丝的头上去。多读粉丝留言，随时关注所有粉丝的状态，引导话题，并引导话题讨论方向。

第五，多欢迎、多感谢。在直播间不定时有新观众进入，此时主播要不吝欢迎的语言，让新粉感觉到主播对自己的重视，当直播过程中涉及打赏时，主播也要第一时间给予感谢。

注意！主播无论在直播间如何活跃气氛，都不能突破道德底线，要避开一些违禁词。其中，广告类、“钱”等违禁词汇，可以用其他词汇来代替。如果直播打广告一定要开启小黄车功能，使用直播电商购物会比较安全一些。还有很多雷区暗藏在平时难以注意到的细节甚至字面里，这就需要主播在保证状态的同时，多掌握直播规则，规避敏感词。朝着专业化进军是主播发展的必然道路。

（五）表演技巧

通过镜头表演，主播可以展示自身魅力，直播内容脚本与即兴表演的贯通可以提升直播的趣味性，用表演塑造性格化视觉形象，可以拉近主播与粉丝的距离，还可以让直播间的气氛活跃起来。

虽然直播间不像演播室直播一样严谨，但是，主播还是不能太随意，只要开启直播镜头，主播就应该把自己当成一名演员，做到松弛有度。

剧情化表演是揣摩式表演，是按照主播已经准备好的直播内容进行表演。即兴化表演是主播在直播时依据直播间的实时情况，即兴表演出相关的直播内容。二者可以相互转换，时刻谨记，无论什么样的表演都是为了丰富直播内容、促进销售而进行的。

在直播狂飙式发展的今天，直播的方式每天都在推陈出新，主播也要善于改变，创新思想，总结并利用自己的强项。根据直播设定，在直播时适当表演，会为直播间增加亮度，也可以让自己的风格更清晰，更加聚焦流量人群，加速成长为达人主播。

第六章

农民直播销售员怎么赚钱

从2019年淘宝“双十一”超过200亿的直播带货规模到因为受到疫情影响，各种线下商家纷纷转战线上，从品牌董事长到乡长县长开启直播带货，直播电商迎来了高光时刻。行业一派生机盎然，越来越多的人走向了直播这条创业之路，这无疑加快了电商行业的发展，为电商直播行业按下了加速键，电商直播背后蕴藏的发展潜力也日益凸显。

据商务部数据，2021年第一季度农产品网络销售额为1 055.8亿元，同比2020年第一季度增长4.9%。从疫情得到有效控制以来，各地都在为特色农产品组织产销对接和现场订购，一些党政领导干部甚至化身“主播”，推销当地的特色农产品，直播带货推动消费能有效化解疫情给农产品变现带来的不利影响。这种新兴的电商既拓宽了群众增收的渠道，也让城里人知道并品尝到了真正的绿色优质农产品，是一种达到多方共赢的绝佳销售模式。

短视频或直播在碎片化的时间里抓住了用户眼球，在满足用户社交需求的同时，吸引其持续关注，从而为变现打下基础。

目前，创作者变现的途径包括官方补贴、平台签约、流量变现、粉丝打赏、连麦引流、直播带货以及会员制变现等。

一、补贴及签约

所谓补贴，是指各大短视频平台为了吸引优质的创作者入驻，激发创作者持续生产内容，推出相应的官方补贴活动。如抖音的各种全民任务、B站的新星计划等。创作者根据这些官方补贴类的活动要求，结合自身能力特长来定向生产内容，即可获得现金奖励、流量扶持。

平台签约创作者可以分成两类，即平台签约与机构签约。平台签约，顾名思义就是与各大短视频平台签约，成为平台签约的创作者，在流量上有更多的倾斜，在分成比例上有更多点位，在认证上有更多的头衔，可以说是名利双收，但是对于创作者的综合能力和专业能力都有较高的要求。机构签约通常指与MCN签约。MCN服务机构会针对有潜力的意向创作者进行签约，并对创作者在内容创作、运营、拍摄等方面给予更多的支持和指导。

二、流量变现

流量变现的模式有三种。

其一，流量+广告模式。这种变现模式主要指企业利用直播中的各个因素，比如主播、直播环境、直播平台等，创造出有新意的直播内容，并在直播内容中间穿插企业产品的广告。所以，“流量+广告”是建立在直播间具有优质内容的基础之上，通过内容传播广告，让广告植入用户的内心深处。当广告在用户内心所产生的影响力积累到一定程度时，用户就会产生购买的欲望，进而达到企业直播的效果，最终让用户在购买中实现流量变现。此外，作为直播间的主体之一，主播个人的号召力也被看作是一种流量，这就催生了一种叫作坑位费的流量变现模式，类似于明星出场费，商家会为了让自己的商品出现在主播的直播间而给主播交付费用，然后主播再根据实际的销售收取CPS（Cost Per Sale）佣金，这种变现方式直接，却仅适用于流量级别足够高的明星或达人。

其二，流量+链接模式。这是直播变现中最为常见的模式。在直播的过程中，通过链接的方式向粉丝分享主要推广的产品，引导消费者购买。这一模式也被称为CPS模式，是以实际销售产品的数量来换算广告刊登金额。简单点说，就是你帮助商家销售产品，赚取一定比例的佣金。这种模式对于初涉直播的主播来说比较适合，没有自己的商品，在分销平台通过产品关键词查找高佣金的商品进行带货。这种模式也适用于短视频营销活动。

其三，流量+服务模式。就是通过直播为粉丝提供各种类型的服务，并且依据服务的内容和质量向粉丝收费。如在线讲课、在线解答问题等此类服务都可以收取一定的费用。这种变现模式也被称为内容付费，能够进一步提高直播营销流量变现的效率。目前“流量+服务”还是一种比较新的直播流量变现模式，愿意为直播内容付费的人较少，如果想通过这一模式变现，就一定要做长期准备，并提升内容价值，这样才能获得粉丝的认同并为此付费，从而实现变现。

内容付费的第一个优势在于收入稳定。内容付费的人群十分稳定，多为愿意为优质内容付费的优质用户。新增的用户和新增的收入可以成正比关系，也就是在收入方面具有长尾效应。第二个优势在于用户的留存和黏性更高。在信息泛滥的时代，付费内容更显优质。无论是从逻辑上看，还是从数据上看，订阅类优质内容，其用户留存和黏性，都远远超过普通内容。最后一个优势在于产生正向循环。主播可以把更多的时间花在专注内容创作上，制作出用户喜欢的内容，打造粉丝经济。省去时间成本，直播间的内容更加高质，自然容易带来更多的付费用户。反过来又会给予作者正向的刺激，在正向的反馈循环下，变现之路也会走得更顺畅。

三、粉丝打赏

网络直播最初是主播在直播间展示才艺，获得礼物打赏。作为一种传统的直播变现模式，打赏模式依旧有其独到之处。

这种模式要求主播和粉丝的互动到位，尽可能用个人魅力去赢得粉丝的喜爱，从而获取打赏。恰到好处的互动能拉近主播与粉丝之间的距离，也是主播和新粉之间加深了解的最好方法。让粉丝充分信任自己，建立起基础的信任，才有提高抖音直播打赏的可能。因此，主播能够拥有才艺和调节气氛等能力才能将此模式运用好，收获大。

打赏的本质，解决的不是支付渠道问题，而是人们心理的心智交易问题，是针对内容货币化的一种变现模式。

四、连麦引流

相较于图文、视频的“滞后”沟通，直播“即时”沟通的特点更能及时抓住流量。连麦能更好地释放高知圈层的社交势能，打通粉丝流量，以更简单的方式进行视听融合传播。相比传统的单向直播，连麦互动直播给了观众更直接的参与感以及与主播音视频实时互动的满足感，对提升直播应用的活跃度和黏性都有明显作用。

连麦引流适用于粉丝黏性较高的主播，通过连麦商家进行砍价，刺激粉丝，让粉丝真切感受到商品的优惠力度和性价比，从而下单，而主播将得到连麦费和商品的销售分成两项收入。

五、直播带货

直播带货是直播变现的最主要方式，这种带货模式本质上是一种拼购模式。这种模式涉及品牌形象输出、场景设计制作、人群定位、活动策划、消费心理分析等多方面的专业知识。作为新人主播，想取得不俗的成绩，一方面可以通过建立个人品牌形象与消费者“面对面”、占据消费者心理来达到更好的带货效果，另一方面要循序渐进地提升直播权重，来打造顶级直播间，通过促销配合店铺活动，并根据粉丝心理增加直播间玩法，来提高直播间引导成交额，最终实现销售业绩的稳定增长。

在带货模式中，第一种是“达人模式”，也就是KOL（Key Opinion Leader）模式。做顾问式导购，你就可以做自己的严选品牌，消费者信任你在某个领域的专业度，所以也信任你在某个领域推荐的产品，这种模式是“个人IP+直播带货”的玩法，不以产品为核心，而是以个人IP为核心。

第二种是“秒杀模式”。这种模式看重流量，要在保证直播间粉丝人数的基础上执行。在保证产品性价比的同时，做到直播间较其他平台更加便宜，这种模式甚至不需要个人IP多么大，只要保证你所带的货具有高性价比，就很容易获得变现。

第三种是店铺模式。这种模式的重点是要有电商平台运营的店铺，主播只要做到将产品介绍给感兴趣的观众就有可能形成下单，特别是不少电商平台对店铺直播的扶持，也让这种带货变现变得轻松一些。

第四种是走播模式。这种模式跟产品供应链基地关联，主播可以走到各种产品直播基地，随时直播带货，这种直播的好处是充分利用资源，只要主播跟直播基地建立联系，就能获得好的直播效果，同时也可以获得本地政府的支持。

第五种是产地直播。这种模式比较适合乡村主播，因为这需要主播走进产品的原产地，直播产品从产到收的动态过程，直观拉近消费者的信任感，变现也会更快。

第六种是砍价模式。这种模式需要主播能言善辩，主旨是帮粉丝向商家砍价，通过这种形式增添直播的戏剧化，进而促使粉丝下单，最终获取佣金。

直播带货模式是大多数主播愿意首选的变现方式，但直播带货的主体是人，不同的主播擅长的方式也不一样，所以就有了变现的差异。那么，为了找到适合自己的直播带货变现模式，主播可以多去其他主播的直播间学习，累积经验，多方向尝试，最终找到属于自己的变现模式。

六、会员制变现

直播间搭建的vip会员体系就是粉丝按时间缴纳一定花销变为综合服务平台的vip会员，从而可以具有其他粉丝无法具有的优惠和方便快捷。直播间vip会员的优势主要是一些进场特效以及礼物特效等，满足了绝大多数用户的虚荣感，也增加了体验度，从而刺激消费。

除了以上的直播变现模式外，还有些变现方式，例如创作版权变现和企业赞助等模式，但因为这些变现模式仅适合小众主播，所以这里就不展开介绍了。关于采用哪一种直播变现模式，每个主播都应结合自身条件和优势来决定。作为一个乡村主播，要找到适合自己的变现方式，可以参考以下三个方式。

首先，从粉丝人群出发。简单点说，粉丝需要什么就卖什么，只有粉丝需要，才能快速变现，所以直播间卖什么只取决于粉丝需要什么样的产品和服务。比如直播间的粉丝在开始的时候喜欢你卖出的苹果，因此，你售出了许多单苹果。此时，粉丝希望你能在直播间带货本土的山楂，那你就要根据大部分粉丝的意愿，增添你直播间的水果品类，这样粉丝也会因你的服务而更加有黏性。

其次，从行业领域出发。因为行业领域内有大量相关的产品，而且你每天更新的内容都是与定位行业领域相关的经验、技巧、内容，那么你吸引的粉丝都是对这个行业领域感兴趣的。所以，你所带货的产品不是越多越好，而是参考用户需求，还可以展开测试，看看用户到底需要哪些，或者哪些卖得最多，这是决定你如何变现的关键。

最后，作为乡村产品，多数以食物为主，那么它就具有简单的带货属性——健康、好吃就可以。所以挑选出最好售卖的产品，并从产品本身出发，寻找与产品互补的、周边配套的产品，再一点点延伸，配合第一个方向和第二个方向逐步筛选，在降低成本的同时可以开展新的变现模式。

时代在发展，资源也会重新分配，在当下的直播时代，强者愈强，弱者愈弱，选择直播电商的从业者要理性地看待机遇和挑战，直播变现也不再只是带货一种方式。直播带货，流量只是敲门砖，而真正的机会，是在这个行业拥有资源和深层的思考，能从服务资源、使用资源到支配资源、拥有资源，进而创造出属于自己的变现方式，这才是重要的落脚点和长期发展方向。

第七章 定位是农民直播电商的第一步

定位是什么，从账号自身或是运营团队的角度来说，定位就是战略，就是方向，就是界定自己账号的赛道。定位引领账号的运营效率，只有战略对了，我们的战场才能确定，只有方向对了，我们在短视频和直播后面所有的运营工作才有了依据，我们所有的努力才会变得简单而有效。

定位是什么，从观众的角度来说，定位就是在观众、粉丝的心目中形成清晰的商业形象。从平台的角度来说，定位就是一个账号只专注于一个垂直细分领域，从而形成清晰的内容标签，方便平台给你锁定精准的人群，给你推送精准的流量。

定位决定了账号的人设，决定了账号的商业模式，决定了账号的变现方式。一个完整、全面的定位，可以明确账号运营的目的，明确人设定位，选对账号领域，选对对标账号，明确内容布局，明晰内容的核心价值输出，使内容具备清晰的表现形式，形成差异化的记忆点，同时可以通过数据复盘驱动内容的优化，使内容运营朝着账号的商业目标不断前进。当我们思考和确定账号定位的时候，可以从五个方面去做自己的账号定位实操，包括平台定位、用户定位、变现定位、优势定位、垂直定位。

一、平台定位

平台定位，就是选择你的短视频战场和直播战场。随着短视频时代和直播带货时代的来临，各大互联网公司纷纷推出视频和直播平台，目前短视频和直播平台有很多，用户体量较大、功能算法较为完善的主要有抖音、快手、视频号、西瓜视频、淘宝等。这些平台各有各的功能、机制和特点，所以短视频和直播运营者想要最大限度地利用好平台进行推广、变现，就要对各个平台的特点及其异同有基本的了解。

二、用户定位

在短视频平台上，每天有数以亿计的观众观看短视频和直播，但是其中很大一部分人是来娱乐、看热闹的，所以会有很多人看过你的作品后，就一去不回了，这些人就不是我们的精准用户。我们找到精准的用户，才可以帮助我们生产适合的内容，迅速增长粉丝数量，通过短视频和直播赚到钱。这就是我们做用户定位的重要性。

所谓用户定位，就是我们创作短视频的时候，要以目标用户为中心，因为用户才是短视频内容的最终消费者。不少短视频运营者在策划和运营短视频时，总是想着如何制作内容，却从来没有想过自己制作的内容是否可以获得用户的喜欢。

如果我们辛辛苦苦制作出一个短视频，得不到用户的喜欢，无法激发用户的点赞、评论和转发行为，那么这个短视频就是不成功的，这个短视频账号也就很难变现。所以对于创作者而言，我们做好账号的用户定位，对目标用户进行解读和分析是非常重要的一步。用户定位通常包括用户的性别、年龄、地域、学历、偏好、消费行为、付费行为等。

第一，性别。根据短视频用户画像分析，男性用户对汽车、军事、科技数码类内容的偏好度较高，女性对美妆、母婴、教育类内容的偏好度较高。对自身账号的用户有了基本的性别定位后，我们在画面、文案、选题上就可以有一定的针对性。当我们积累了一定的粉丝基数后，或者产生了一条爆款短视频后，就可以从短视频运营后台，清晰地看到账号粉丝的性别分布，更有针对性地创作作品。

第二，年龄。根据《2020年抖音用户画像分析报告》，19~40岁的人群占据了72%，说明短视频用户已经呈现年轻化的特点。在短视频用户中，年轻用户更加青睐于抖音，而年长用户对抖音和快手平台的选择更为均衡。不同年龄段的用户，关注的短视频内容也不同，比如00后用户对游戏、时尚穿搭、知识读书类短视频偏好度较高，90后对二次元、游戏、知识读书类短视频偏好度高，80后对舞蹈、母婴、建筑装修、汽车类短视频偏好度较高，70后对建筑装修、音乐、美妆类短视频偏好度较高。《2020年快手三农生态报告》显示，70后和80后依然是从事农业行业的主力军，因此他们是养殖技术类和种植技术类短视频账号的目标用户群体。

第三，地域。从短视频用户的城市分布来看，抖音在一二线城市用户的比例已经过半，而快手以三、四、五线城市用户和农村用户为主。根据《2020年快手三农生态报告》，山东、云南、江苏有较多的花卉和种养创作者。

第四，学历。从2019上半年短视频平台用户学历分布情况来看，初高中生为短视频平台的主要用户，学历为初中的用户占比34.8%，高中用户占比36.6%，本科用户占比25.4%，硕士及以上用户占比3.2%。从整体上看，短视频用户的整体学历偏低。我们创作内容的时候，就要考虑到这个因素的影响，对于一些知识技能类的短视频而言，用户更喜欢泛娱乐化的短视频，所以从流量和生产爆款的角度出发，很多创作者更喜欢制作娱乐性、资讯性的内容。

第五，偏好。艾媒咨询数据显示，短视频用户更偏好搞笑幽默、生活技能、新闻现场类的短视频，但这个并不能一概而论。美食、运动健身、宠物类的短视频增加较多，也比较容易涌现出爆款视频。轻松幽默的短视频、烹饪类短视频、技巧知识学习类短视频是用户首选的消遣方式。用户观看的短视频都趋向于各垂直内容领域，同时，因为手机摄像的普及，用户生产内容的门槛变得很低，于是一些由用户生产的短视频非常贴近生活，很接地气，获得的点赞、评论、转发的数据非常高，甚至超过了专业的内容生产者、媒体从业者。但是随着短视频平台的不断发展，用户对短视频要求的不断提升，短视频内容的品质也会越来越高，这也就是我们学习短视频专业知识的目的，只有全面掌握短视频知识后，我们才能生产出更多的爆款视频。

第六，消费行为。短视频的消费主要集中在直播打赏和电商购买两个方面。在短视频平台处于娱乐化的初级阶段，对于生产制作泛娱乐的创作者而言，直播打赏是创作者很重要的一个收入来源。但是随着政策法规的要求，直播打赏的消费占比在逐步降低，而直播电商消费的比例随着短视频平台的商业化发展，得到不断提升。

第七，付费行为。用户为视频内容付费，也是短视频发展的一个趋势，其中知识付费的兴起，让用户的需求得到了满足，也让很多创作者通过视频内容本身获得变现收入。比如在快手，有很多的种植、养殖领域创作者，通过创作种养短视频，获得粉丝的喜爱，进而制作种养技术短视频课程，通过农业技术知识付费获得收益。

三、变现定位

变现定位，即根据短视频和直播平台的多种变现方式和用户定位，找到适合自己账号的主要变现方式，然后围绕这种变现方式去做短视频内容和直播间内容的规划和制作。

在短视频平台的变现方式中，包括了平台补贴、签约达人、流量分成、直播打赏、品牌广告、电商带货、知识付费、IP衍生等。我们从事短视频和直播电商，一是确定好自己的账号价值，只有具备价值，才能变现；二是确定这种变现方式是否适合自己，是否是可实现的，这是我们要提前做好分析和准备的工作。

四、优势定位

优势定位，就是找到自己擅长的领域和优势，放大自己的优势，成为自身账号的特点和特色。根据主播的优势不同，主播可分为以下14种。

1. 颜值主播。

颜值指一个人的好看程度、长相和气质，如果你是一个长相有特点、有魅力、颜值高的人，那么你可以把自己定位为一个颜值主播，在互联网上，颜值是特别吸引人的看点。颜值主播要能顺利地在直播间转换成带货主播，也需要在颜值之外，给自己加上一些鲜明的人设，假如你是一位具备颜值的新农民，那么在视频制作、人设打造、个人技能、吸引粉丝上都会有更为广阔的空间。

2. 才艺主播。

才艺是指一个人的才能和技艺，不论是唱小调、唱山歌、扭秧歌、二人转、广场舞、地方剧种、脱口秀、讲故事、乐器演奏、麦秆画、草编、武术、摄影摄像等，还是你擅长绘画、书法、象棋、军旗、五子棋、围棋，这些都属于才艺的范围，都属于自己的特长和优势，都可以作为自己的定位。但不管是哪种才艺，都需要加上自己的个人特色，建立自己独特的风格，才会更容易上热门，在短视频平台火起来。

才艺类主播目前最多的是唱歌、跳舞、变装等，这一类多以网红、明星为主，但是乡村民间艺人也非常适合成为才艺主播，比较容易建立强人设，并且可以通过农产品销售等方式变现。还有一些目前较少的类型，包括乐器演奏、魔术表演等，这一类可以结合乐器、魔术道具等商品带货以及直播打赏来变现。典型的乡村才艺主播如抖音的阿牛哥、快手的本亮大叔等。

此外，剪纸皮影泥塑等的制作、传统农具制作、乡村房屋设计建造等非遗手工，都可以是才艺主播的发展方向，这类作品拍摄起来也比较容易，可以批量化制作，并通过平台补贴和手工艺品电商进行变现。此类视频一般时长较长，在选题或拍摄上注意创新点和创意点，剪辑上借助一些技巧，让视频剪辑的节奏更明快，比如快手上进行创意手工制作的手工耿。

3. PK 主播。

PK 是对决、切磋、较量的意思，PK 直播是指双方主播连麦对决作秀，由双方粉丝投票决定输赢，输的一方要接受惩罚，这种直播现场氛围激烈刺激，具有很大的观赏性和参与感，很容易吸引粉丝，刺激粉丝消费。如果你是一个特别擅长调动别人的情绪、擅长活跃气氛和擅长剧本设置的人，那么就可以考虑成为一名PK主播，通过直播PK获得粉丝的关注。

4.知识主播。

如果你掌握一门专业知识，那么就可以做一名知识付费主播，通过在短视频和直播间里讲解、传授专业知识，获得粉丝的打赏，或销售知识付费产品来实现商业变现。知识主播跟颜值、才艺和PK主播不同，因为娱乐因素少，所以知识主播的用户和受众比较小，较难吸引用户的注意力。但是知识主播的用户群比较精准，因此一旦你的课程内容对目标观众有价值，那么观众付费购买课程的意愿就会比较高，变现也变得更为容易。

知识主播以传授教导各个细分专业知识、职业技能为主，例如，讲解饮食健康知识、果蔬种植知识、家禽家畜养殖知识、花卉种养知识、农村生活知识、户外旅行知识、家庭理财知识等，教授乡土手工艺、民间音乐、书画技艺等，还有剪辑软件等各类培训。

2020年，快手农业技术课程销售额和销量排名第一的是@江苏小苹果（陈厚武），他的苹果树周年修剪教学课程不到一年的时间就售出了5 362份，单一课程收入超过50万元。类似的还有@哥种葡萄和@二瓜葡萄种植苗木繁育。

5.情感主播。

情感主播就是给观众解决情感问题的主播，观众有什么问题可以向情感主播诉说，让主播为你解决疑惑并且开导你。治愈型情感主播针对的群体比较广泛，主要偏向于倾听他们的诉说，提出一些建议，来帮助他们，要具有正能量。问答型和心理型的情感主播，需要具备比较专业的心理咨询知识，面对情感纠纷，要求主播要懂一些相关的知识，帮助他们解答疑问，同时也要懂得尊重、倾听他们的想法。故事型情感主播，通过分享故事，让聆听故事的人从中得到学习和安慰。作为一个农民主播，如果自己非常擅长为目标用户解决情感和情绪问题，那么也可以发挥自己的特长，成为一名农民情感主播。

6. 游戏主播。

互联网游戏是一个非常广阔的市场，如果你是某一个网络游戏非常厉害的玩家，那么你也可以成为一名游戏主播，通过你的短视频或直播，让观众直观地看到某个游戏的玩法、思路以及升级要点。当然，如果你在网络游戏中的个性非常鲜明，你的游戏直播做得非常有意思，也是成为一个优秀游戏主播的重要优势。

7. 带货主播。

带货主播不是才艺主播，不需要会唱歌跳舞，但他（她）是专业的销售人员，是纯电商类的主播，因此要有独特的消费理念，能够引导用户进行消费。带货主播不仅要会直播销售产品，还要懂得吸粉，因为具有鲜明人格魅力的主播，往往销售成绩更高。但未来对专业的带货主播的要求会越来越高，不仅要拼供应链，能够选出好价格的好产品，还要了解产品的专业知识，要了解用户的痛点，要能快速得到客户的信任，要有固定、稳定的直播计划等。

带货主播是未来最为主要的主播类型之一，对于顾客，一名专业的产品销售主播，更容易获得消费者的信任与关注。对于品牌方，带货主播拥有更多垂直的、专业的产品知识储备，是品牌方与消费者对话的最佳桥梁，也是品牌未来进行渠道拓展的新模式、新方向。对于直播大行业，孵化和培养一大批具有内容创作能力的带货主播，就为行业找到了从内容到流量再到销量的突破口。

8. 美妆主播和穿搭主播。

美妆主播通过直播来销售化妆品和护肤品，而穿搭主播通过直播销售服装服饰，这两类主播都是通过短视频给用户种草，通过直播展示产品、回答用户问题、引导用户下单购买产品。美妆和服装是两个体量很大的市场，因此如果你擅长这一类领域，也可以成为美妆主播或是穿搭主播，给广大的农民观众推荐优质的美妆和服饰产品。

9. 美食主播和探店主播。

民以食为天，在短视频平台上，我们经常能刷到美食短视频和美食主播直播，美食主播里也有很多的榜样主播，比如我们熟知的李子柒。美食主播分为几个类型，比如在美丽的乡村环境中展现美食的，像@乡村胡子哥，他的短视频定位为“回忆乡土风情，展示乡村美食”，在乡村小溪边制作农家美食，一脸胡须但笑容朴实而温暖。比如教导美食制作教程的@麻辣德子，天天给媳妇做美食，每个视频里双手合十向观众鞠躬，堪称抖音最佳好男人。还有一类是探店类美食主播，这类主播大多专注于区域美食，为观众介绍很多不易发掘的美食店，深受用户的喜爱。美食领域是农民主播可以充分发挥的一个领域，而且美食主播变现能力强，带货农副产品是顺理成章、自然而然的。

随着乡村经济的发展和美丽乡村的建设，乡村美食推荐、乡村民宿推荐、农家乐推荐、生态农场推荐、乡村农文旅推荐等，都可以成为农民主播的选择方向，而且这一类型的主播直接连接产品和商业，变现能力更强。

10. 好物主播。

好物主播是介绍优质产品的主播，短视频里通常介绍创新创意型的日常生活用品或是电子产品。 这一类主播通常需要搭建和营造一个专门拍摄短视频和直播的空间，把好产品放在一个生活环境和生活场景中来做真实、自然的呈现。好物主播在变现方式上也是一脉相承的，不管是短视频带货还是直播带货，通过销售具有创意的优质好产品来变现。随着乡村振兴的深入，优质农产品可以通过短视频和直播得到更多的展现和销售机会，因此学习好物主播拍摄短视频和直播卖货的方法，成为一名好物主播也是农民主播可以选择的方向之一，将乡村好产品推荐给城市观众，或者成为农民观众的购物推荐意见领袖。

11. 生活主播。

记录生活类的短视频是最适合普通人做的短视频类型之一，个人通过开设短视频账号，记录自己的生活点滴，视频形态可以包括农村生活、乡土风景、家庭宠物、民风民俗、农时工作、店铺/工厂经营、乡村民宿经营等。这种账号类型是农民直播销售员最常选择的账号类型之一，此类账号的变现方式较为多样化，有短视频带货、直播带货和广告植入等，典型的例子有抖音的张同学、许美达、快手的会姐三宝日常、农村土鸡蛋妹等。

12. 剧情和搞笑主播。

剧情类主播主要是将乡土家庭生活、乡村生活轻剧情化，展现农村生活的喜怒哀乐，特点是内容吸引人，人物特点鲜明，人设强烈，个人IP后期商业变现能力强，品牌代言、广告植入、带货等变现方式丰富，但对文案、编剧、拍摄、剪辑等能力的要求都比较高。

娱乐搞笑包括搞笑剧情类、吐槽类等，内容形态有乡村搞笑段子、农民脱口秀、多人搞笑等。娱乐搞笑类受众人群广泛，通常比较容易吸引粉丝，涨粉很快，但娱乐搞笑类在变现上需要有强人设，提前规划好带货的品类，典型的例子有快手上的@刘妈的日常生活。

13. 评测类主播。

这类主播可以有针对性地介绍一些商品，如对手机、家电产品、数码产品、农产品进行体验、介绍和测评，例如千元内智能手机测评，老人智能手机测评，农村太阳能热水器测评、生态化肥农药测评、饲料种子测评等，变现方式可以跟厂商合作，进行广告植入，同时帮助消费品厂商占领农村市场，帮助农产品进城销售，通过视频带货和直播带货来变现。此类视频制作需要具备一定的厂商资源和商务开发能力以及持续拍摄制作能力，比较适合团队创作。

14. 对口型主播。

这类主播可以归属于才艺类，单独把它拿出来，是因为对口型是拍摄制作门槛最低的类型，也是被最多人选用的类型，但也正是因为对口型作品的门槛很低，很多人拍的对口型只能获得一些基础流量，不容易上热门，所以对口型作品想要上热门，并在平台上持久吸引粉丝的关注，就需要创作者有突出的、夸张的、有特点的表演能力，比如抖音上的肖怪怪，通过对小岳岳相声的对口型表演，迅速蹿红。

五、垂直定位

抖音和快手作为短视频行业的代表，在积累了海量的内容和用户数据后，已经从娱乐性转型为商业性，从娱乐性转型为垂直性。而短视频和直播作为新媒体的代表，可以根据用户浏览、观看、互动的大数据，帮助用户过滤信息，帮助用户快速找到、看到自己想要的内容和信息。一个用户除了泛娱乐的内容以外，往往还会喜欢一些特定的内容，因此我们在做账号的时候，就要对内容做垂直且精细化的定位和运营。

在本书第九章我们会讲到，在寻找对标账号的时候，需要了解账号的垂直度，了解各种短视频作品在平台上的分类，清晰地知道自己的作品归属在哪个类目里。我们从抖音和快手两个平台入手，了解当下各个平台的作品类目，这会帮助我们寻找到“对”的对标账号，找到“适合”模仿的作品。

对于具有农业农村背景的创作者来说，我们作品的类目归属有一个特定的类目——三农，但是这并不意味着我们的定位和创作方向就一定要局限在三农类目中，所以了解平台对各个类目的划分，也有利于我们把握自我的定位和发展的方向。

温馨提示：随着平台的发展和社会环境的发展，平台类目也会发生一些微调和变化，我们作为创作者要对平台的调整具有一定的敏感性。以抖音为例，抖音的类目细分可以帮助我们做好账号的垂直定位，从“创作灵感”进入后，会有细分类目的呈现，进入的第一个页面，即“推荐”栏目，当我们的账号被抖音大数据打上“标签”后，这个“推荐”栏目跟你的账号定位和内容定位就是匹配的、一致的。第二个栏目是“投稿冲榜”，这个栏目就是当下的抖音热点内容，这里可以看到各个细分类目的热点内容。再往后就是美食、泛知识、兴趣爱好、时尚美妆、娱乐、游戏、体育、情感心理、旅行、汽车、三农、科技、动植物、家居装修、亲子等细分类目。

当我们确定了自己的垂直定位后，就可以在这些细分类目里找到自己可以模仿的内容，从这里上传作品，也可以帮助我们的账号快速打上垂直的标签。

此外，短视频和直播内容的垂直性，很大程度上还取决于风格定位的垂直度。在进行风格定位时，主要考虑内容风格和人物风格两个方面。内容风格分为文案风格、画面风格和音乐风格三个部分，文案风格统一，画面风格（拍摄背景、衣着风格）统一，音乐风格（或流行或古典，或欢快或悲伤）一致。人物风格的垂直，不管是自然轻松，还是严肃专业，在一个短视频账号里，都需要具有一致性，更有利于平台为账号、为作品打上明确的标签，推送给精准的、喜欢你的用户观看。

第八章 优质内容是涨粉和变现的基础

短视频的内容是短视频运营的基础，是短视频创作者工作中非常重要的部分。对于创作者来说，短视频内容不仅要有人来看，而且要有好东西（优质内容）看，两者相辅相成，缺一不可。因此，要想让用户持续关注你，就要不断输出优质的短视频内容。另外，当我们进行直播带货时，短视频流量也是直播间流量的重要来源之一。

一般来说，优质的短视频内容是符合平台规则、具有用户思维、有痛点、爽点或痒点，结合热点（但不盲目追热点）、原创度高、独特性强、内容逻辑完整、内容角度新颖、能够让用户从短视频中获得好看、有趣、有用、有爱、有品的价值体验。越是优质、独特的短视频内容，越能够给用户传递有价值的信息，让用户自动转发、点赞、评论、收藏，达到短视频传播、用户增长和转化的目的。

一、短视频的规则思维

抖音、快手、视频号既是内容社区，也是商业平台，第一要义就是遵守我们国家的法律法规，因此抖音和快手都对内容的发布，包括短视频、直播间和商品描述，制定了很多的规则和规范。

短视频创业和直播创业就是在抖音、快手这些平台上寻找用户和流量，这就要求我们在平台的规则范围内去创作内容。抖音和快手等短视频平台都有自己的社区公约，每一个创业者在开始内容创业前，都需要先认真研究平台的规则和社区公约。快手、抖音的平台规则和社区公约详见附录2和附录3。

二、短视频的用户思维

什么是用户思维？

第一，用户思维就是以用户为中心，站在用户的角度去思考问题，深度解决用户需求和用户痛点。每一个短视频创业者，都要具有用户思维，带着用户思维去创作短视频作品，带着用户思维来打开流量，带着用户思维开直播跟观众互动，带着用户思维为观众选择好产品，带着用户思维给观众推介好产品。

举个例子，对于实体门店的经营来说，传统思维就是发展更多的会员，用提高门槛、捆绑消费来提高客单价、营业额，但对于具有用户思维的商家而言，就会打造差异化体验，通过增加服务附加值的方式，给客户提供一个选择门店的理由，同时会充分考虑用户的感受和体验，利用一些营销手段来为门店引流，或者打造门店人气。

而且，传统门店一般是不做爆款引流的，相反要用爆款来保证门店的利润，而具备用户思维的电商卖家，尤其是直播电商卖家，通常会选一个爆款来为直播间引流，按照进货价或是很低的利润来出售，甚至是拿出一定数量的爆款做秒杀和免费赠送，只要可以吸引用户在直播间的停留就行，这就是充分利用了消费者爱占便宜的心理来经营店铺的流量，有了初始的用户流量，就可以撬动更多的用户流量，再通过适当的搭配和引导，提高每一个客户的UV价值（即直播间内每个用户的平均销售额），这就是典型的用户思维。

这个方法应用在短视频产品上时，具有用户思维的创作者首先要搞清楚自己的用户是谁，然后创作者和运营者从作品的数据反馈中发现爆款作品，进而模仿爆款作品来制作后续的作品。

第二，用户思维是要学会把握用户的生命周期，去细分用户，根据用户成长发展的不同阶段来规划产品，有针对性地解决不同阶段的用户需求。把握用户特征、用户需求和用户痛点后，不断地生产相应的短视频，以此满足用户不断增长的需求。这也是持续制作爆款视频的另一个关键点。

第三，用户思维是站在客户的角度和立场，和用户一起感同身受地体验产品，理解用户在观看短视频时的情绪和感受。用户在观看短视频的时候，会有观看、点赞、评论、转发、关注这五个动作，而这五个动作是由用户的感受和思想来支配的，下面就是这些观众行为背后的感受和思想，需要我们认真来体会和领悟。

完播的背后是吸引；

点赞的背后是认同；

评论的背后是争议；

转发的背后是共鸣；

关注的背后是信任。

只要用户做出上面的任何一个行为，平台就会留下数据记录，而每一个维度的用户数据都可以帮助我们的作品上热门。作为创作者，你要时刻去思考，我们的视频观众是谁，他（她）有哪些特征，有哪些需求，我们怎么通过作品的表达来满足观众的需求，匹配观众的特征，体会观众的感同身受，体会观众的七情六欲，这个就是我们讲的用户思维。

在内容创作者中，最容易陷入一种“自嗨式”的创作，我们只做自己想做的内容，只说自己想说的话，而没有考虑过用户想看哪些内容，想听哪些方面的话。只有作品内容足够吸引观众，观众才能够继续看下去听下去，让我们拿到完播率。只有他认同你的观点，喜欢你作品的呈现，才会给作品点赞。只有他不同意你陈述的观点，想跟你争辩和讨论，才会在作品后面留言。只有作品调动了他的某些记忆，触发了他的某些情绪，才会转发作品。也只有他对你产生了兴趣和信任，你才会出现在他的关注栏里。所以，优秀的短视频创作者会去学习和涉猎一些心理学知识，更新自己的知识体系，从而帮助自己提高短视频的底层思维能力。

三、短视频内容的“十点”

要跟用户产生互动行为，让用户为你的产品（短视频）点赞、评论、转发，我们的内容就要足够打动和吸引观众。想要打动和吸引观众，就涉及短视频内容的“十个点”：痛点、爽点、痒点、槽点、热点、笑点与泪点、新奇点与反差点、记忆点。在这十点中，前面三个点，即痛点、爽点和痒点是我们主要的内容机会，也是未来通过电商变现最主要的产品机会。

1. 痛点。

痛点是用户在日常生活中遭遇到的痛苦、麻烦、不便、窘迫、难堪、焦虑，他们在使用某种产品和服务过程中的负面体验、消极情绪和心理落差，所有这些感受和体验，都叫用户痛点。用一个词来描述痛点的话，痛点就是恐惧。

我们做短视频时，就要努力去理解、感受用户的痛点，以及痛点背后的真实需求，对我们的产品、服务或是观点，做有针对性地介绍和渲染，以消除或缓解用户痛点为目标，一个视频、一个产品可以直击消费者的痛点和软肋，就会产生“打蛇打七寸”的效果，马上吸引用户的注意力。

短视频有痛点，就像是我们拿着高精度狙击步枪，瞄准目标用户群体的内心，进行精准点射，一击即中，节省弹药，直接高效。在目标用户更分散的去中心化短视频平台里，我们让自己的视频越有特点、越有杀伤力，就可以让平台更精准地认识作品，将它推送给更多精准的人群。

那如何找到痛点呢?

第一，找日常高频的“小痛”。一提到痛点，很多人下意识地想到痛点就是很痛的点，越大的痛点越好，而实际上我们找痛点是要找那些更具有普遍性的、高频次发生的、人们更容易感知的小痛点，这样的痛点会更容易戳中目标用户的内心。

第二，真正的痛点不能硬造出来，而要能解决日常的、刚需的实际问题。

第三，在找短视频痛点时，自己能够感受到痛点，也就是痛点是跟自己有关的。

第四，痛点不是一个人的痛点，大家痛才是真的痛，找到了大家都痛的点，视频上热门的概率也就提高了许多。

在拍产品短视频的时候，我们也要有寻找、挖掘痛点的思维。举个大家都很熟悉的广告片例子，我们都知道某品牌洗发水主打的功能是去屑，为什么消费者会为去屑的功能买单呢？我们看看当时广告片中给大家呈现的两个场景。

场景一：男生第一次跟女生约会，结果衣领上都是头屑，让女生一脸嫌弃；场景二：男生去新公司面试，结果西服上头屑的白点，让面试官一直皱着眉头。

上面两个场景中，决定消费者做出买去屑洗发水的原始动力是什么，是用户的恐惧，害怕头屑让女朋友嫌弃，害怕头屑影响自己的面试结果。这个广告片就是一个经典的痛点短视频。

而在短视频或直播间买农副产品的时候，比如蔬果类产品，用户的痛点就是包装、物流怎么解决，农产品品质和新鲜度怎么保障。

2. 爽点。

人在满足时的状态叫愉悦，人不被满足就会感到难受，就会开始寻找让自己不难受的方式，如果能立刻得到满足，这种感觉就是爽。用一句话总结爽点，就是即时满足。

在我们身边，有很多基于爽点推出的产品或服务。当我们饿了的时候，打开手机叫外卖，吃的就会送到家里；当我们想要吃水果、买蔬菜或者生鲜的时候，打开手机通过每日优鲜或者盒马生鲜，2小时内就可以送到家；当我们在京东上买一本书的时候，上午下单，下午就可以送到；当我们想看美女时，打开抖音就看到了颜值主播的短视频；想看演唱会时，打开直播间，就看见乐队在直播；想学习一个短视频知识点时，打开手机就刷到了推荐过来的知识视频；当我们看到视频里的蔬果颜色鲜艳、新鲜多汁，直播间里的主播吃水果吃得津津有味时，我们立刻就可以下单购买……这些都叫爽点，这些产品、服务的成功逻辑里都包含了即时满足的爽。

3.痒点。

如果说痛点挖掘的是用户在刚需上的痛苦和恐惧，那“痒点”也在用户需求的范围里，是用户/消费者需要的东西，但不是刚需。虽然痒点不能解决用户刚需，但能够让用户感受到舒适和愉悦。用一句话来解释，痒点是满足虚拟的自我。

最近几年出现了很多的网红产品和新消费品牌，比如网红奶茶、网红酸奶、网红咖啡等。它们的爆红都不是抓住了痛点和爽点，因为在这些网红产品的诉求里，既没有体现恐惧，也没有体现即时满足。网红产品靠的就是痒点，满足人们对虚拟自我的满足，对个性和自我价值观的彰显。

什么是虚拟自我呢？就是想象中那个理想的自己。在短视频领域，有一个非常典型的例子，就是李子柒。在中国四川绵阳的乡下，住着这样一个女孩——每一天，她采摘、挑水、做饭、洗衣，认真而安静地生活着……白天，她以自然为家，以花草为伴。夜晚，她以星辰为灯，怀梦想入眠。这个美好的女孩带着观众看到了世上最美的风景，最真的亲情。

那么多的观众喜欢李子柒，就是因为在李子柒的作品里，看见了美好的自然、美好的农村，看见了更好的生命状态和生活态度，还有更好的自己。

4.槽点。

槽点由网络词汇吐槽引申而来，常常表示吐槽的“爆点”。带有槽点的短视频文案，通常让人忍不住想要吐槽，想要挖苦，想要抱怨，想要找碴，就是不想给对方面子，想要马上进入评论区揭穿、数落主播。

“朋友们，告诉你们一个秘密，我事业有成，有车有房，3 000万存款，可是为什么我32岁了，还是没有朋友？”这就是一个典型的有槽点的文案，配上相应画面和热门BGM，也许就会是抖音的一个爆款短视频。

槽点文案的特点通常是离谱的、不正常的（离谱和不正常就会让人忍不住吐槽）、双向性的（通常以反问句结尾，期待用户的反应，通常语气是佯装的、哭笑不得的）、简短的（短小精干就是用力一击）、通俗的（内容浅显易懂才能引发最多人的共鸣）、娱乐的（通常是绕点弯的笑话，用户的回应也带有娱乐性），或者是带有明显分歧含义的。槽点文案通常具有艺术性和娱乐性，是一个技术含量很高的文案。

5.热点。

热点指的是受广大群众关注或者欢迎的新闻和信息，有时也指某时期引人注目的地方或问题。有热点意识的短视频创作者或运营者，会时刻保持新闻敏感性，有快速跟进热点进行创作的能力。热点是运营者撬动流量的支点之一。

每当发生热点事件时，有没有发现很多短视频大咖都会在极短的时间内从不同的角度去解读这个热点，这类短视频的流量、点赞和评论数据一般都不会太差。这就是俗称的蹭热点。

互联网时代的热点一般有以下三个特征：爆发效果猛、传播速度快以及有效时间短。如果我们能及时获取热点、充分利用热点，就能以极低的创作成本获取巨大的用户流量。

蹭热点，本质就是借势营销，将热点的势能快速转移到自身账号上，让用户增加对你的短视频账号的印象。

6.笑点与泪点。

在短视频中引人发笑的点叫笑点，同理，引人落泪的点叫泪点。

现在和未来的社会里，人工智能会越来越普及，取代更多人类可以做的工作，但是机器人是不懂幽默的，所以幽默是人类特有的天性，也是未来内容为王里重要的一方面，我们作为短视频创作者要大力发展幽默细胞。

对于泪点而言，我们需要注意的是，可以煽情，但不能卖惨，短视频平台的规则越来越严格，卖惨类短视频不会得到平台的流量支持，还可能会被平台封禁。

7.新奇点与反差点。

所谓新奇点，就是让我们感觉新鲜、好奇的地方。在日常生活中，当有些事情令我们感到惊奇，或者有些事情并不符合我们的认知时，我们就会产生好奇心。新奇点还会促使我们去找到答案，知识性好奇是人类天性的一种。

所谓反差点，是指短视频的前后要产生强对比和强落差，反差越强烈，观众越喜欢，也就越容易买单。在短时间内完成对观众情绪的调动，就更能促使用户产生点赞、评论、转发的行为，也迎合了短视频平台的算法规则。所以短视频剧本的设计要有高低落差，差距越大，转折效果越明显，获得爆款的概率就越大。

对比中长视频来说，短视频普遍都是缩减铺垫，直接给用户高潮。人的大脑在不断地寻求更高强度的刺激，追求刺激的频率从二十世纪八九十年代看金庸古龙小说的一小时兴奋一次，到零几年玩对抗类游戏的半小时一次，到王者荣耀等游戏的几分钟一次，再到现在短视频时代的十几秒一次。

短视频属于快餐文化，迎合了当下急速变迁的时代特征。如果短视频剧本的前期铺垫过长，大家会直接划向下一个视频，因为下一个视频可能直接就刺激到观众。

8. 记忆点。

打造短视频的记忆点，是打造创作者人物风格的一部分，也是我们打造个人IP的重要方面，能够促使用户的关注。短视频的记忆点包括招牌动作、特殊道具和情境、特定语言三个方面。

所谓招牌动作，就是当你在短视频里总是做某一个动作，以至于用户一看到这个动作就会想起你，那么这个动作就成了你的招牌动作。招牌动作就像招牌菜一样，只属于你自己，即使也会被人模仿，但观众能记住的只有你，就像乔丹的“吐舌头”，科比的“抖衣服”。比如有些短视频创作者会在每一个短视频里以一种特殊的动作出场，比如从屏幕外跳进屏幕内，或者以一种特定的动作作为视频的结尾，比如对着屏幕打个响指等。

借助一些特殊道具，构建一个特定的情境，也能帮助我们打造短视频或者直播间的记忆点，比如一个知识主播在每一个短视频里，手里都拿着一只乌龟出镜，还有的主播在直播的时候在肩膀上放一只鸡，怀里抱一只鹅，背上背一个大箩筐等，这些都是借助于特定、特殊的道具，营造不一样的情境，让别人记住你、关注你。

特定的语言就像是广告语或者口号，也是营造短视频记忆点的重要方法。在视频开头或结尾设计一个朗朗上口的口播，不仅能带来传播度，还能体现账号和创作者的价值观和使命、精神，进一步连接用户，提高用户的忠诚度。

四、短视频内容的“四要素”

（一）标题

短视频的标题，特指短视频下方的配文，就是用户、粉丝第一眼看到的视频文案，这个文案的重要程度不亚于视频本身，甚至跟视频本身一样重要。对于黄金三秒法则来说，这个文案具有吸引人眼球的作用，文案写得不好，会影响视频的完播率，甚至用户会直接划走。如果文案很特别，吸引了一部分用户，那么这些用户就极有可能成为你的粉丝。因此短视频的标题文案要引起我们足够的重视。

我们看那些爆款短视频，视频文案好像很随意，寥寥几个字却引发了疯狂的点赞，那是因为它们的文案都抓住了人性，引起了很多人的共鸣，并且抓住了平台的喜好。所以，短视频的标题要从下面两个方面来着手，一是从“给观众看”的角度入手，二是从“给平台看”的角度入手。

1.给观众看的标题。

给观众看的第一点，是要引起观众的共鸣，让观众一看就觉得“说得特别对”，让观众感觉特别“爽”，让观众觉得你讲出了他们的“心声”。比如一条情感类视频的标题：“别傻了，一个人的努力是无法改变两个人的关系的”，就很可能引发正处于恋情中，付出却没得到回报的观众点赞、评论甚至转发。引发共鸣的标题文案通用模板：人物+状态+情感宣泄。

给观众看的第二点，是引发观众的好奇，一般是留有悬念，让用户想知道到底会发生什么事情，答案到底是什么，结局是什么。比如有个视频标题为："女人的温柔是有底线的，前提是……"，后面的内容给省略了，那么观众就会想知道这个前提到底是什么。引发好奇的标题文案通用模板：描述事件/观点+留出悬念。

给观众看的第三点，是勾起观众的互动。想要引发用户和自己互动，让他们评论，在文案中有个好方法，那就是采用问句的形式，让用户自然而然地想留下自己的答案。比如问"你是在哪个瞬间决定就是ta了""你知道中国最美的十大乡村吗？"等，就可能引发很多人在评论中留下自己的故事，或者表达与视频中不一样的观点。勾起互动的标题文案通用模板：主体（+情景）+问句。

给观众看的第四点，是向观众表达鼓励。很多人在某个人生阶段的生活状态是比较"丧"的，尤其是在外漂泊的年轻人，工作太累，老板太凶，赚钱太少，和对象、朋友吵架，房东不地道……这些事情都会让他们的情绪不是那么稳定，不是很开心。但是他们内心还是想努力进取的，所以这时候一些"正确的废话""温暖的话"，也就是"鸡汤"，就很适合他们的胃口。他们受到了鼓励，就会点赞；受到了安慰，就会在评论中留下自己的故事，然后还会有其他用户去对他的评论进行回复，给他鼓励。表达鼓励的标题文案通用模板：你要相信+观点。

除了上述四点和相应的标题模板以外，为了吸引观众的注意力，还有下面的一些小技巧，也可以帮助我们更好地写好视频标题。

（1）用新奇吸引人。人性总是对新鲜的事物、新奇悬疑的事情感兴趣，我们要学会把握这个特点，制造出具有新闻价值的标题，尤其是在蹭热点新闻流量的时候，可以用到这个技巧，这样的标题往往能引发或蹭到很多的自然流量，比如"北京环球影城开业，先睹为快"。科普类的账号通常采用这种标题技巧，包含了揭秘、秘诀、真相、背后等词语，比如"一个懒人一个月瘦了30斤，仅仅做了这两件事"。

（2）以真情打动人。人是感情动物，不论是亲情、友情、爱情，我们都容易被情感动，受情围困，所以根据内容在标题中抓住“情”字，用情来打动用户，但注意这类标题要倾注自己的真情实感。比如“这个女人，跟我北漂8年，没车没房却始终不悔，我一定要让她过上好日子”。

（3）用故事感动人。听故事是人类的天性，不论大人还是孩子，都喜欢听故事，尤其是那些让人感动的故事，会吸引很多用户点击和收看，如果你做的是故事性内容，那就可以用故事性标题来吸引用户。比如“3年不见，狗狗第一眼见到主人就冲了过来，泪流满面”。

（4）用发问提醒人。视频标题怎样能让用户感觉更亲近？有一种简单的方法就是打招呼，就如北京人见面就会问的一句话“您吃了吗？”。我们在短视频标题文案中，用对话、发问或者直呼其名的方式可以吸引观众的注意力，比如“来上海那么长时间了，依然没有归属感，你呢？”，又如“一个比大城市还现代化的农村，你来过吗？”

（5）以趣味留住人。一个有趣的短视频标题会让观众看完后过目不忘，所以生动、幽默、诙谐的语言会让标题变得活泼俏皮，恰当的修辞、谐音“梗”等可以让观众回味，甚至帮你转发传播，比如“钱不钱的无所谓，我喜欢长得丑的”。

（6）以建议发动人。用建设性的观点、鼓动性的观点作为标题，尤其是知识分享性的短视频，常常采用这类标题。比如“新手创业，你一定不要做这五件事”，比如“乡村振兴带动的市场机遇，你一定要知道”等。

2.给平台看的标题。

为什么标题也是给平台看的呢？短视频平台的审核机制是机器人审核+人工审核。机器人主要是给你打标签，看看你的视频是哪个领域的，有哪些用户可能会看你的视频和初步审核是否有违规现象，所以我们的视频文案要尽可能多地涉及垂直领域内的关键词，比如农业种植领域的，多用农作物的名字、种植技术的

名称等，让机器人把视频推荐给更多的观众。另外，我们的视频文案还需要注意规避平台规则的雷区，有些词是不能用的，否则平台会限制推荐。

（1）非常规词。比如说一些生僻词、网络用词、缩写词等，机器人根本“读不懂”，那么机器人就无法帮你精准地匹配用户，受众会大大受限。

（2）文案太长。文案一定要有尽量多的垂直关键词，但是也不要太长，用户在一个视频中停留的时间也就3秒，文案太长，用户看都不想看，标题文案一般1~2行就可以，观众一眼就能看明白。而且视频文案超过一定字数后，会被平台折叠，也会影响观众粉丝的观看体验。

（3）违反规定。包括违反平台规定和国家法律法规，这两个都是严格禁止的，都会导致封号，尤其是后者。此外，文案不能夸张，不做标题党，比如使用震惊了、惊呆了、吓死了、重磅、最高级、全世界、胆小慎入、太可怕了等故意造成惊悚的词语，或者文案内容与视频内容、事实不符等。

（二）画面

短视频的画面包括拍摄和剪辑，短视频的画面是短视频运营的基础，也是最为重要的一部分。一个好看的短视频，可以让用户关注你，甚至是持续关注，所以对于短视频创作者而言，不断、持续地输出优质的短视频内容，才是引流和变现的关键。

在手机的摄影摄像功能得到极大发展和广泛普及以后，用影像来表达的人越来越多，影像成为日常生活中最为重要的表达方式，视频时代来临了。画面成为创作者对世界的一种框取，就像透过一扇窗户去看世界，而这种框取决于创作者个人的生活经验、审美取向和专业素养。

首先是拍摄主体、陪体和背景的选择。主体即画面主体，是画面中最主要的被拍摄对象，或者是被拍摄对象最主要的部分。陪体，是画面中视觉地位仅次于主体，从属和辅助主体，和主体一起共同完成造型任务的某个或某些被拍摄对象，也可以是单个被拍摄对象中跟主体呼应的重要局部。陪体有陪衬的作用，能有效地突出主体，丰富和补充主体与画面的含义，协调画面的均衡，能使画面稳中有变，使画面更有新意、更生动和丰富。

背景主要是指画面中除了主体和陪体以外，主要起衬托和突出主体和陪体作用的部分，包括前景和背景。背景是画面中能交代时间、地点、事件和相关环境信息的有机部分，它能明示或暗示画面主体所处的空间、时间和地位等信息，是一幅画面中不可或缺的部分。前景主要起视觉引导的作用，形成空间感，交代环境、季节、地点和时间，或者形成画面的景别张力，平衡画面。背景主要交代环境特征，展示空间，衬托主体轮廓形状，形成画面基调。

关于画面的主体、陪体、背景所形成的拍摄角度、拍摄景别，可以回看第五章。

（三）音乐

一个好的短视频配乐，能够直接挑动用户的神经，在某种程度上，配乐对视频氛围的烘托起着画龙点睛的作用。所以我们经常会看到一些全网热门的短视频，画面内容并不算优秀，但是却能点燃用户的热情，引发观众点赞、转发等互动行为。因此，一个短视频如果选对了配乐，能给短视频起到很大的加持作用。例如，抖音经常能产生全网爆款短视频和抖音神曲，抖音对配乐（音乐）非常地重视，音乐是短视频里极为重要的组成部分。有很多抖音的创作者借助于热门音乐所带来的流量，让自己的作品脱颖而出，即使只有15秒的短视频，在音乐的配合下也有着极强的表现力，让用户沉浸其中。

在短视频用户观看短视频的心理需求中，精神需求是第一需求。每个人都有精神需求，有缓解疲劳的需求，有获得快乐的需求，有满足情感体验的需求。尤其是在充满压力的工作和生活中，人们会向外界寻求解压方式，很多用户把短视频当作休闲娱乐、打发时间的工具，用观看短视频的方式消磨碎片时间，而音乐能影响人的情绪，满足人的精神需求，听到好听的音乐，会让人有莫名的满足感。

抖音有音乐榜，包括热歌榜、飙升榜和原创榜，快手也有音乐榜，会在每首歌曲背后显示被多少人引用过，蹭热门音乐是打开流量的方式之一。热门歌曲之所以能打动那么多人，是因为它能极大地调动我们的情绪，并影响我们的行为，比如听到节奏快的音乐，人们的行动会加快，并迅速把人拉入一个氛围和环境中。热门音乐的选择以及恰到好处的配音选择，能帮助我们在一定程度上增加短视频的流量。恰到好处的音乐选择，同样可以提高作品的完播率。适当的音乐选择，能帮助我们建立人设、强化定位、建立品牌，因此对于每一个创作者而言，寻找音乐、选择音乐、搭配音乐，是我们学习打造热门短视频的重要组成部分。短视频创作者一定要重视音乐的运用。

第一，根据账号定位和视频内容的基调，选择合适、恰当的音乐。抒情类的短视频不适宜选择太搞笑的背景音乐，同样，搞笑的短视频也不适宜用太抒情的音乐，视频内容进入高潮或主题为宏大主题时，可以配上激昂、抓住人心的音乐，内容平缓时，配乐也要舒缓，不宜抢夺用户对内容的关注。

第二，背景音乐要顺应视频内容的节奏，把握住短视频内容的节点，这些节点不仅可以带动用户的情绪，引发用户的共鸣，还能给用户留下深刻的印象。

第三，适度使用热门音乐。热门音乐在平台传播速度很快，用户接受度高，使用热门音乐既能让用户对你的短视频内容有更多的耐心，还能为短视频加分。

（四）封面

短视频封面对于账号流量的吸取有着非常重要的帮助，封面的好坏会直接影响视频的推荐和播放量。当用户点击进入你的主页后，一个好的短视频封面可以吸引用户驻足点击观看，同时也能够提高用户对于账号的整体印象。

1. 短视频封面的种类。

（1）视频内容截图。视频内容截图是最简单的一种短视频封面类型，就是直接选取视频截图当作封面，这类封面需要注意画面要清晰，所截取的图片一定要与主题契合。

（2）封面覆盖文字。可以直接将文字加在视频最前的几帧上面，文字的内容可提取突出视频的关键点，让用户可以区分每个视频的重点与不同。

（3）模板化封面。这类短视频封面会有一个固定的“框架模板”，使每一期的短视频可以形成一个统一的风格。对于用户来说，可以很方便地在历史记录中找到自己感兴趣的内容；对于运营者来说，可以形成一种专业化模式，让用户在潜移默化中增加对你的印象，更有助于个人IP的打造。

2.爆款短视频封面的特点。

（1）画面一定要清晰。封面太模糊或者昏暗，会影响用户体验，无法保证封面的清晰度，便很难传递信息，更不会让用户产生点击的欲望，那视频封面也就失去了价值。

（2）封面要与标题强相关。封面不能是随随便便的一张截图，封面和标题间要具有直接的相关性。这就需要视频运营者思考封面与标题之间的联系，要能够突出重点。比如，短视频封面以人物为主，可以突出人物的表情和情绪；封面以物为主（美食、产品等），就需要突出重点。需要注意的是，不能为了蹭热点而乱加封面，这样很容易让用户对视频内容产生“模糊”的印象，从而造成用户流失。

（3）排版层次要分明。对视频封面进行排版时，要注意各层级间的关系，视频元素和标题同样重要，标题不要挡住封面，封面也不要挡住标题，两者要做到各不干涉，让其发挥各自的作用。

（4）突出视频重点。对于短视频封面来说，只要封面上有人物全景出现，那么人物就要尽可能地处于中间比较醒目的位置，文字也是，要能够让用户快速找到重点。需要注意的是，要避免进入封面中的人和事物包含得越多，信息量就越大的误区。

3.封面文字的注意事项。

（1）字号要大。醒目的文字内容才能第一时间抓住用户的眼球。当用户点进你的主页时，足够大的封面字号才能让用户一下子抓到视频内容的重点。同时字体的颜色也要合理进行选择，不能太暗，也不能太亮。

（2）字体和字数要少。短视频封面上的文字，在于精而不在于多。人的注意力是有限的。大段的文字，用户很有可能没有耐心看。我们要学会提炼视频的关键点，同时封面上一般不会出现两种以上的字体，因为字体过多会容易使人产生混乱的视觉感受。

五、直播间内容的“三元素”

在直播间里有四个元素，这四个元素就是我们经常听到的四个词：人、货、场和流量。关于流量，我们留到第十二章“农村直播电商的运营技巧”再做详细介绍。关于人、货、场，我们先记住一句话：前期在场（场景），核心看货（产品），转化看人（主播）。

（一）场景

场，即场景。场景最初是指电影、电视和戏剧中的场面、情景，是在一个特定的时间、空间范围内发生的行动过程，或者是因为人物关系构成的具体画面。不同的场景会表达不同的含义，这也是我们直播间场景的意义。

我们每个人每时每刻都处在具体的场景中，社会是个大舞台，家庭是个小剧场，我们每个人都是在具体场景中的“演员”。在直播时代，场景这一古老的概念被重新定义了，搭场布景在直播运营中展现了惊人的价值。

“黄金三秒”的原则就是在短视频开头的前三秒，你抓不住观众，观众就会“一划而过”。在直播场景中，当观众面对海量的直播间时，也许“三秒”的时间也变得太漫长了。我们搭建直播间场景，追求的目标是“一眼黏人，两秒留人”，要做到这个标准并不容易。所以，直播间场景搭建是很多企业进入直播电商领域面临的难题之一，这也是为什么我们把“场景”放在第一位来介绍。

直播间是直播中除了主播以外，最直接的声音和视觉体验场所，是直播内容的重要构成。我们在直播间运营时，要去监测直播间流量的点击率，如果直播间展现的点击率不好，首先会导致直播广场推荐流量，也就是自然流量的减少，其次会降低我们付费流量的点击率，所以在打造直播间场景时，我们要从视觉和听觉两个方面来打造直播间。

如果我们展现在观众眼前的直播间是又脏又乱又差的直播间，那么用户看到就不会点击进入直播间，即使来了也马上就会退出，所以直播间的场景搭建，会直接影响观众的停留时长。

在直播间场景的搭建上，除了室内直播场地的大小、光线和布光条件（可参考第四章“农民直播电商如何配置设备”）以外，可以从下面几个方面着手。

第一，体验式直播场景。农产品/农副产品直播有一个天然的优势，就是场景优势，我们一定要利用好农产品直播里天然、真实、有体验、容易打动人的场景优势。比如，卖苹果的直播间，可以设置在苹果园里，卖草莓的直播间可以设置在草莓大棚里，卖枸杞的直播间可以设置在枸杞园里，卖大米的直播间可以设置在稻田里，卖蜂蜜的直播间可以设置在养蜂场里等。

第二，实践式直播场景。比如卖美食食材的直播间，可以一边做菜教厨艺一边直播卖货；卖猪肉的直播间，可以模拟一个猪肉摊现剁现卖；卖竹笋的直播间，可以一边挖笋一边直播，并且强调我是现挖现卖，新鲜发货；卖茶叶的，可以在茶山上一边采茶一边直播，强调茶叶的鲜嫩。农产品直播的创新场景是应有尽有、无穷无尽的。

第三，实景式直播场景。比如卖茶叶的直播间，可以在炒青车间里直播，可以在茶叶库房里直播；卖加工农产品的直播间，可以在加工车间里直播，展示加工过程的干净整洁、展示加工用料的真材实料；卖水果的直播间，可以在发货仓库里发货，强调产地直发，强调新鲜保障……可以说，农副产品直播的真实场景具有无限的说服力。

第四，线下店直播场景。我们可以把直播间模拟成一个线下店，直播间看起来就像在逛商店，比如卖鞋子的，后面放鞋柜，有很多鞋子供观众去挑选；卖日常水果的把直播间模拟一个水果超市，供观众来选购。如果有线下店的，可以直接把直播间设置在线下店中，这种店播的场景会让观众更有信任感，更容易把人带入购物情境中。

第五，活动式直播场景。比如女王节直播间、丰收节直播间等，重点突出，主题突出，就是搞活动，用福利抓住观众眼球，再通过大型促销的场景把观众留下来。比如有些服装品牌的直播间，直接搭一个秀场，做专场直播活动。

第六，直播的道具。在搭建直播场景时，要注意一点，就是以真实的人、真实的生活为中心的细节体验，把一些道具加入到直播场景的构思中。我们主张要体现新的场景精神，这就是直播带货最重要的场景化思维。例如，销售服装时在直播背景上挂上品牌服装的尺码对应表；销售大米时在直播现场准备好电饭锅和餐具；销售水果时，在采摘基地准备好水果刀或榨汁机，让观众零距离地看到水果的质量，真实直观，能够很好地取得观众的信任。因此，产品陈列桌、桌布、小摆件、促销活动信息展示牌等道具必不可少。如果你的产品是加工类产品，加工时用到的健康原料，种植时用到的绿色技术等，都可以应用在直播场景的搭建中。

第七，直播间的氛围。直播间的现场氛围，也是场景的一部分，包括直播背景音乐对氛围的营造、副播助播的配合声、直播间下单付款抢购的提示音、评论区评论互动带节奏等，都是直播间场景氛围的一部分。

（二）产品

产品是直播电商的基础。直播电商选品有六大标准，很多农副产品是达不到这六个选品标准的，因此很多网红主播不愿意为农产品带货。我们提出这六个标准，也是希望农副产品品牌企业可以根据这六个标准不断地改进产品，完善供应链。

1. 高性价比产品。

很多朋友会对“高性价比”产生误解，以为高性价比产品就是指9.9元或者19.9元的商品，其实高性价比产品不等同于低价品。高性价比产品有两类：第一类是消费者熟知价值的产品，这类产品通常在其他电商平台都有一个官方价格，但是在直播间内有着更低的价格，让消费者产生“占便宜”的感受；第二类是能让观众产生物超所值感受的产品，例如展示红富士苹果、新疆红枣的大小，整箱的份量，赠品的丰富程度等。

2. 高颜值产品。

网红直播间里，经常会有高颜值爆品的出现，例如网红碎冰杯、氛围落日灯、香薰机等。在同等价格下，观众愿意选择颜值高且在种草视频里看过的产品。所以，在农产品直播间里，也要注意展示农产品颜色的鲜艳、食材的新鲜度、产品包装的个性化、农产品的文化特色等。

3. 易展示产品。

短视频平台作为内容创作平台，每天有数亿的流量，相比较传统电商，直播电商提供了极其丰富的商品展示模式和平台来放大产品价值，更有可能让产品走向更大的流量池和更广大的消费人群。农副产品在做直播带货时，都会比较容易展示，可以在果树下、在打包车间里、在养殖场里现场展示产品，更容易获得消费者的信任。

4. 不挑人且受众面广的产品。

挑选观众在生活中经常使用的用品，例如拖鞋、纸巾、常见的蔬果食材等。我们在刚进入直播电商，而且账号还没有形成鲜明标签的时候，选择这样的产品更能承接平台推送的泛流量，实现销售转化。如果是单一产品、垂直品类的品牌小店，也需要在自己售卖的商品中加入一个可以让“男女老少”都能适用的产品链接，例如袜子、纸巾、毛巾、常见食材等，用作承接基础流量的产品。

5. 种草力强的非计划型产品。

这类产品指的是观众不会特意去搜索，但是在浏览视频中很容易被激发出强烈购买冲动的产品。例如鲜美可口的麻辣小龙虾、让人垂涎欲滴的芒果、一看就让人流口水的辣椒酱等。

6.爆款产品。

这种产品是指即将成为爆款热销的产品，我们可以通过第三方直播电商数据平台，或者通过淘宝、京东这些传统电商数据平台的数据反映，提前觉察到热度攀升的商品，在潜力爆款产品的早期入局，就更容易实现轻松带货、高效变现。

（三）主播

就直播而言，人人都能成为主播，但不是人人都能成为优秀的主播。一名优秀的农产品卖货主播应该具备什么素质和能力呢？

第一，主播说话要有技巧和基本的外在素养。主播说话要让用户感觉到舒服、有亲和力，不能如蚊子一般嗡嗡地去说话，也不能平淡如水，让用户昏昏欲睡。日常需要经常练习基本功，只有这样才能在面对镜头时很好地表达自己。主播是一个体力活，有的职业主播每天甚至要直播8小时以上，对嘴部的要求很高。除了口齿伶俐，其他外在的基本素养还包括心态好、亲和力、学习能力、外表装扮等四个方面。

心态好	直播中会听到看到一些难听的话，主播要保持平和的心态，千万不要影响情绪，也不要和用户纠缠。
亲和力	直播间中绝大部分都是陌生人，你不认识我，我不认识你，在这种情况下第一印象很重要。如果直播中你一脸阴沉、爱搭不理的，粉丝肯定不会买账，毕竟谁也不欠你的。相反，如果你本身就表现得有亲和力，那么不认识你的人出于本性都会想靠近你，去和你互动，不管人家买还是不买，至少你的直播氛围有了，自然而然你也就越播越轻松了。
学习能力	作为某一个垂直品类或者领域的主播，一定要把相关的知识学透彻。要关注其他主播是怎样直播的，也要学习其他领域的知识内容，这样在直播过程中才能做到滔滔不绝。
外表装扮	虽然不要求每个主播都是帅哥美女，但是最基本的外表还是要注意的。着装要合适得体，妆容要整洁大方。针对不同用户可以适当调整着装。

第二，主播要有人设的定位和包装，建立人设标签和主播之间的强关联，当提到某某主播的时候，用户的第一反应就是那个非常有特点的标签。人设可以是一个标签，也可以是一组标签，在定位和包装的过程中需要寻找一些具有传播度的记忆点，去匹配和定位主播。通过主播一系列“具有记忆点”的语言和行为表现主播的标签，当这些语言和行为经过一定时间的沉淀，成为一种固定的行为，用户就会把这些行为所表现出来的标签记住。

例如，我们要把自己打造成一个农产品主播，可以尝试用下面的思路对自身的定位和标签做一个规划。

（1）我是谁？

①我是一名农产品好物体验师和推荐师。

②我是一名菠萝农场的农场主。

③我是专门做进口水果贸易的老板。

（2）我要干什么？

①我要用直播的方式带领用户去农产品生产基地寻找产品。

②我要通过直播来销售农场自产的菠萝。

（3）解决什么需求？

①解决用户对绿色无污染、美味可口的农产品的需求。

②让消费者买到物美价廉的好菠萝。

（4）外貌规划是什么？

①普通人长相，身穿运动户外装，像普普通通的老百姓一样平常。

②普通农场主，身穿农场工作服，像农民一样普通。

（5）性格标签是什么？

①热情，善于与人打交道。说话诚恳，不做作，呈现一种踏实的状态。

②老实巴交，不善言辞，但真诚不套路，呈现地道农民的感觉。

（6）行为标签是什么？

①爱到处跑，动手能力强，亲自采摘农产品，现场品尝并给

出中肯的评价。

②喜欢吃菠萝，爱在菠萝地里直播，喜欢现场削菠萝、榨菠萝汁。

（7）话术标签是什么?

①到一个产地,发现好产品，呈现非常兴奋的状态，吃完农产品表现出超级开心的表情，话术标签“跟着我一起，在现场买就对了”。

②在菠萝农场里，每次都对自己农场的菠萝赞不绝口，每次试吃都是大口大口地吃，话术标签“好吃好吃，这种菠萝真的吃不够”“又甜又多汁，看看这果汁，流成菠萝的海了”。

（8）人设规划什么样?

①呈现出一个接地气的主播，四处寻找优质农产品的人设定位。要传达给用户的理念是“原生态的才是最健康的”，直播间的口号是“寻找大自然的美味”。

②呈现出真诚、踏实的农场主主播形象，坚持良心种植和良心价格，直播间的口号是“给你一片菠萝海”。

第九章 模仿是农民直播销售员的学习路径

对于大多数的农产品企业和农民主播个人来说，以前没有制作短视频的经验，对短视频行业、短视频平台都不熟悉。所以，当我们想开始短视频和直播创业，或者通过直播电商来帮助自己打开一条新的销售通路时，我们可以从模仿优秀的同行账号开始。模仿，是相对简单便捷，同时是试错成本最低的一条成长之路。我们要模仿的优秀的同行账号，就是我们学习的标杆，因此被称为对标账号。

一、为什么找对标账号

在创业的过程中，复制、学习好的对手，是创业成功的重要路径，比如美的电器，成本学格兰仕，服务学海尔，品质学格力，最后整合成自己的综合优势，成就了一个家喻户晓的品牌。跟随、模仿、复制的成功率是44%，主动创新的成功率只有11%。模仿就是从学习优秀的竞争对手开始，最后集中所有竞争对手的优点于一身，把自己锻炼打造成强者。解决问题最快的方式，不是创造，是对标。追求独创性，从模仿开始。

所谓对标账号，指的是和你创作内容、创作风格或者商业模式相同（相近）的账号。所以，我们找对标账号的目的就是为了帮助我们自己。

第一，可以理清自己的思路，知道同类同行里成功的账号长什么样子。我们找出的对标账号就是我们成长道路上一个又一个的路标，是我们要去追赶、达成的目标。

第二，这些路标和目标就是我们的榜样。他们的存在是为了提醒我们前进的方向，同时也可以激励我们不断地努力、坚持，直到达成一个又一个目标，超越一个又一个路标，直到我们突破自己，超越他人，成为他人的榜样和对标账号。

第三，对标账号已经为我们在短视频和直播平台上创出了一条成功的路径，那些爆红的同行就是我们的导师。我们先沿着这条成功的路径去走，可以帮助自己和团队省掉很多摸索的时间，马上开始实践，快速找到上手的感觉。不管是短视频的选题、文案、形式、封面、标题，都可以拿过来为自己提供借鉴；同时，模仿对标账号，可以有效地帮助我们分析自身的不足，找到自己需要补足和学习的地方，有针对性地进行学习。

第四，学习对标账号，就是提高自己网感的过程。网感是在网络世界里潜在的文化氛围和社区氛围。具备网感，可以帮助我们迅速拉近跟网络观众之间的距离；具备网感，是短视频和传统媒体比如电视电影最重要的区别特征之一；具备网感，我们会更容易捕捉到那些潜在的爆款题材，具有网感的短视频也更容易在短视频平台火起来。

在短视频行业里有一句话叫“只要火过的内容，就一定会再火一遍、两遍甚至N遍”，因为这些爆款短视频的内容很多都是切中了目标观众的痛点或爽点，或者击中了人性的弱点，或者抓住了热点，因此迅速火爆起来。

当我们模仿这些成功的账号、成功的作品时，起码从内容的角度，已经不用再去摸索和证明了，只要模仿到位了，那我们的账号也一定会给我们以正面的反馈。

如果模仿且坚持模仿一段时间（比如3个月）后，我们的账号还是一直没有起色呢，给你两个建议：一是继续坚持模仿三个月；二是迅速找到自身跟对标账号之间的差距，快速学习补足。比如分析是表达不行，还是表演不行，还是哪个关键细节没有做到位等，找到原因后继续改进，模仿到对标账号的“精髓”后，账号在数据层面（流量、点赞量、评论量、转发量等）一定会给我们以正面的反馈。

二、怎么寻找对标账号

方法一，在短视频平台里，搜索框下面有很多的选项，除了搜索用户，你还可以搜索话题、商品、行业关键词。如果你要做一个果蔬种植的账号，那么就在搜索框里搜索“果蔬种植”的话题，在这个话题下面会有很多同类作品和账号供我们参考。如果我们的账号定位很明确，还可以搜索更加明确的关键词，比如草莓种植、苹果种植、种猪养殖等，这样我们可以找到更加精准的对标账号，找到更为明确的学习榜样。

图9–1

方法二，当我们关注了一批同类账号，给一批同类作品点赞转发产生数据交换后，在短视频平台的“推荐”栏里，就会给我们推荐很多的同类作品和账号，所以当我们每天从这个推荐栏里去刷视频时，也会发现很多与我们同领域、同风格的对标账号，这个也是我们获取对标作品的重要渠道和重要方法。

方法三，以抖音和快手为例，当你找到一个精准的对标账号后，在关注的后面有一个下拉的三角块，点击三角块，这里边全是跟对标账号标签相似的账号。我们可以从这些相似的账号里去找到更多的精准对标账号。

方法四，在抖音和快手的搜索框里，搜索“创作灵感”，就会出现一个专题页面，进入专题页面后，找到自己对应的类目，再去找相应的作品和账号。

图9-2　　　　图9-3

我们找对标账号的时候，还有三个注意点。

第一，我们要找到能够模仿的对标账号，这是我们模仿的基础要求。从我们自己的优势出发，比如你完全没有表演的潜质和基础，却要去模仿一个有很高表演能力和表演技巧的账号，那这种“跳起来都够不着”的模仿，基本上是不可能实现的。所以在寻找可以模仿的对标账号的时候，我们要了解自身所具备的条件，了解自身的优势和起点。我们和对标账号之间要有一些相同或相似的“交集”，比如是否和对标账号一样了解这个行业和市场，自己和团队是否具备表达（表演）、拍摄剪辑成片的能力等。如果这些基础条件不具备，那么不单模仿不会到位，也不会短期内见到效果，更没有变现的机会。所以，找对标账号时，适合的才是最好的，从自身实际情况出发，实事求是地选择对标账号。

第二，我们找对标账号时，尽量找最近时间段内火起来的账号，账号的粉丝数量不一定要很大，一般在30万至50万粉丝以内的，甚至是5万至15万粉丝的账号，这些新近快速涨粉的账号，他们的粉丝是最为精准的，反而那些几百万粉丝的大博主，有更多的泛粉和老粉，相对而言是不太精准的。

第三，对标账号的选择不是一次性的，而是一个持续的过程。当我们刚起步时，对标一个刚刚走过起步期的账号是相对较好的选择。当我们自己成长起来，各方面能力不断得到锻炼，粉丝基数越来越多以后，对内容和受众的把握能力越来越强了，就可以继续对标那些更有影响力的账号。

三、如何分析对标账号

找到适合的对标账号后，我们应该怎么去分析呢？一般的人是关注了一个账号，看了几个热门的作品，然后马上跳到另一个账号。这样看来看去，刷了几个小时，眼花缭乱，没有任何收获。正确的方法是当你找到一个感觉还不错的账号的时候，从头到尾地把他的视频全部刷一遍。你要了解的是一个账号迭代优化的过程，这个东西才是真正值得你学习的。

接下来，我们要分析找到对标账号后，对标的是什么。第一，对标的是内容。对标内容，首先你要分析它的垂直领域。如果是一个做服装的，那么就要分析他做的是男装还是女装，针对的是哪类人群，衣服的风格是怎样的。如果是一个农业种植账号，那么就要分析是种哪一类作物，是在南方种还是在北方种，通过什么方式变现的，发作品的时间，看作品评论区里的评论，看观众的关注点在哪里。其次，要对标对方的选题，看看对标账号如何做选题，哪些选题上了热门，是因为哪些因素和条件上了热门。当你发现了一个热门的选题之后，如果你有不同的观点，你是不是比他有更深入的理解，或者说有更好的案例。所以，这些热门的作品最起码能说明这个选题已经是经过大众认可的了，具有热门的潜质。

第二，对标的是形式。比如对标账号的标题、文字排版、封面等，这些都是我们可以直接拿过来模仿的。还有他的拍摄和剪辑，他拍摄的是什么场景，它的运镜转场是怎么做的，包括剪辑的节奏、背景音乐等。还有重要的一点是，对方的热门视频有没有与众不同的记忆点。所以，对标的过程就是模仿学习，然后再超越的一个过程。

模仿是最好的学习，学习可以分为两个步骤：学和习。首先你要学，学就是模仿，如果你连对标的账号都无法分析到位、模仿到位的话，何谈超越呢？习是练习和实践的过程，只有你熟练地把学、把模仿做好了，在不断地练习和实践过程当中，你才可能创作出新的东西。

我们对标的最终目的是为了超越，只会模仿，我们是不可能实现超越的。当我们可以模仿到位的时候，说明我们的短视频基础已经没问题了。这个时候，我们就需要创新了，需要研究如何做到差异化创造，来实现超越对标账号、超越自身的目标了。同时，这也是不断地给目标用户创造不同的价值，要不然满大街的同类账号和同样的内容，观众为什么要关注你呢？一定是你能带给粉丝不一样的价值，你的作品有独特的观点和记忆点。差异化和创新就给观众一个持续关注你的理由。

四、怎么模仿对标账号

从我们理解对标账号和分析对标账号开始，我们就已经开始了模仿。当你对那些对标账号都分析透彻了，模仿的时候才能做到位，执行的时候才不会犹豫。

那我们到底怎么模仿对标账号呢？

第一，模仿对方的人设。当你在熟悉的领域或行业里，找到一个可以对标的账号时，就可以模仿对方的人设和账号的定位，包括怎么起账号的名字，怎么写账号的简介，怎么规划账号的变现路径，怎么表达和表演等。

第二，模仿对方的内容。包括视频的话题选择、文案结构、拍摄取景、剪辑方法、发布时间等，根据这些角度来模仿和打造自己的账号，而这些是在做好对标账号分析的基础上达成的结果。

第三，模仿对方的细节。比如账号头像、背景图、视频记忆点等，这些细节上的模仿会让我们的账号在一开始就变得专业、有序，给粉丝更多关注我们的理由。

在模仿的时候，需要注意的是，模仿不是复制和抄袭。比如对标账号在拍视频的时候，镜头前有一个小白兔作为记忆点，那么我们就别再放小白兔了，可以放一只小乌龟或者一只喵星人，这就不是抄袭，而是模仿。比如对标账号在拍摄水果的时候，用了什么样的拍摄方式让水果垂涎欲滴，用了什么样的运镜技巧让视频看起来身临其境，那么我们在拍另外一种水果的时候，也可以同样运用这些拍摄和运镜技巧，这就不是抄袭，而是模仿。高级的模仿是在全面分析对标账号之后，站在前人的肩膀上总结经验、取其精华弃其糟粕的，最终是在模仿的过程中不断地提升自己，实现超越对方的目标。

呼应前面的一句话：火过的内容，还会再火一遍，但是，火过的形式，不会再火第二遍。所以，我们一定要注意模仿和抄袭的区别。

在模仿、分析、学习对标账号时，建议大家同步建立符合自己账号定位的素材库。素材库包括选题库、文案库、标题库和音乐库。建立属于自己的素材库，可以有效地帮助我们持续产出高品质的短视频内容。

（一）选题库

好的选题要符合以下三点要求。

（1）贴近用户。短视频的选题内容要坚持以用户思维为导向，越是契合观众和粉丝的喜好，越贴近观众和粉丝真实生活的短视频，越有很好的数据呈现。

（2）对用户有价值。短视频的选题内容要对用户有价值，输出的内容以干货为目标，输出能满足观众和粉丝的需求，解决用户粉丝的痛点，使用户和粉丝有参与传播的欲望，并触发点赞、评论、转发等用户互动行为，从而达到内容的裂变传播。

（3）匹配垂直度。好的选题内容要和我们自身账号的垂直定位有关联、有匹配，垂直度可以提升我们在专业领域的影响力，站在更高的角度来塑造IP，也只有这样，才能吸引到精准的用户粉丝，同样提高用户粉丝的活跃度和黏性。

在明确什么是好的选题后，我们就可以建立自己账号的选题库了。建立选题库的目的，一是为了可以持续地生产内容，二是为了建立自身专业的知识体系，找到生产爆款短视频的方法。在满足上述三点要求的前提下，我们的账号选题收集方向可以分为以下三种。

第一，爆款选题。关注抖音、快手等平台的热点榜单，关注微博热搜、今日头条指数、百度指数以及其他第三方平台的各类热点榜单，掌握热点话题，熟悉热门内容，选择合适的角度进行选题创作和内容生产，热度越高的内容选题越容易引起用户的兴趣进行观看。需要注意的是，一些热点、热门内容会涉及一些新闻时事、政治政策等敏感话题，如果不能把握观点内容的尺度，不但不会带来流量，反而可能会带来违规封禁封号的风险。

第二，常规选题。这部分选题可以从自己的对标账号、垂直内容中收集，经过日积月累，就会对垂直领域的知识体系和选题方向越来越有把握，也可以帮助我们提升网感，在未来持续生产爆款短视频。不管是对身边的人、事、物，还是每天接收到的外部信息，都可以通过价值筛选，整理到自己的常规选题库中。

第三，活动选题。节日类活动选题可以提前布局，收集一些活动选题方向，比如中秋、国庆、春节、情人节等大众关心的节日话题，又或者是行业类的节日，比如丰收节。另外一个活动选题的来源是各短视频平台，平台官方会不定期地推出一系列话题活动，根据自身账号的定位以及自身对话题活动的理解，参与平台推出的话题活动，就可以得到各视频平台的流量扶持，甚至是现金奖励。

（二）文案库

每一个短视频创作者，都要养成在工作和生活中随时随地收集好文案的习惯。每当我们刷到一个自己领域内的热门短视频，或者在上网的时候遇到一个让自己有所感悟、可以触类旁通的文案时，可以随手复制或记录下来。每天都进行收集和记录，积累365天以后，我们就可以成为一个文案高手。

文案素材库的建立，可以按照行业、金句、活动等类别进行收集，也可以在自己的垂直领域里，按照专业领域进行分类，比如做乡村旅游账号，那么文案收集可以按消费场景分为农家乐、乡村民宿等，也可以按春夏秋冬四季的划分来收集一些美文美句。建立文案库，做好文案库分类，可以让我们在需要参考文案的时候，快速找到并调用文案。

（三）标题库

很多人对怎么起一个好的标题感到非常头疼，没有起标题的思路，而自己进行摸索和验证是一条漫长的路，也容易浪费优秀的选题，浪费成为爆款短视频的机会。

最快、最有效的学会写标题的方法就是参考爆款视频标题，对自己的标题进行修改，就可以起一个不错的标题。说简单一点就是借用成功者的经验，直接套模子走捷径，培养自己起标题的思路和网感，快速掌握起标题的精髓，不会浪费大量的时间在思考和摸索标题上。所以，建立自己的爆款视频标题库，对视频创作者来说是非常重要的。

对于爆款短视频的标题收集，主要有两个来源。

第一，关注垂直领域内的大号，并从大号的爆款视频中收集标题。抖音视频是算法最为强大的短视频平台，当我们自身账号定位、标签明确后，平台会不断地推送同领域的爆款内容，这是我们收集爆款标题的重要来源之一。

第二，在专业数据分析网站里收集。比如新榜作为内容产业服务平台，每天都会做爆款内容的排名，并且每个视频平台还有专门的网站，如新抖（针对抖音）、新快（针对快手）、新视（针

对视频号）、新红（针对小红书）、新站（针对B站）等，有各个平台内容的垂直分类，有各个平台爆款视频的排名，在这里，我们可以找到很多爆款视频，从而收集爆款视频的标题。

收集了爆款标题后，我们就需要对标题进行分类，建立标题库。建立标题库（包括文案库）的方法，可以采用笔记类App来建立标题库，常见的笔记类App有印象笔记和有道云笔记等，但一定要注意一点，就是这个标题库是电脑、手机都通用的，这样我们调用起来就会变得很方便。

在进行标题分类收集时，可以按照一定的行业特性或者标题特性进行分类，例如水果销售类标题、水果售后类标题、买就送标题等，或者是提问式标题、暗示式标题、数字式标题等。举个例子：

如何式标题：如何保存脐橙

提问式标题：买种猪有哪些注意事项

暗示式标题：掌握了这3个技巧，让草莓产量翻一倍

数字式标题：苹果4种主要病虫害的防治

建立了标题库，每次要起短视频标题时，我们可以打开标题库看一下，到底什么样的标题类型更符合短视频的主题内容。标题库相当于我们的标题参考依据，降低了我们创作标题的难度。

（四）音乐库

短视频音乐库首先是在短视频平台里建立，比如抖音和快手，我们都可以收藏优秀短视频的音乐，同时我们在用剪映App或者快影App剪辑短视频的时候，可以直接调用在抖音和快手里收藏的音乐。

在建立音乐库的时候，可以按照音乐类型来分类，比如乡村、摇滚、古典、交响乐、蓝调、爵士等，还可以按照音乐表达的情绪来分类，比如喜悦、伤感、大气磅礴等。短视频的时长很短，所以音乐的烘托作用非常重要，而且因为短视频的短以及对时效性的要求，建立音乐库会极大地提高我们的剪辑效率。

第十章 懂数据才是合格的农民直播销售员

数据对运营人员的重要程度，就像航海时代船长手里的指南针，精准的数据能够在工作中为运营人员指引方向。很多短视频和直播电商运营人员在接触运营工作的第一天，就开始和数据打交道。看到各类庞杂的数据，很多人都会叫苦连天，别说分析数据了，就连看懂数据都很难。本章从了解数据的价值以及短视频和直播间的数据概念开始谈起。

一、数据的价值

没有接触过数据运营的运营新人，建立数据思维的过程是枯燥的，但也是快乐的。因为你能通过数据看清业务，并找到有效的方法提高业务指标。在具备数据思维后，你能发现你在做运营决策时更理智，在进行跨部门沟通时，比如跟主播进行沟通时就会更高效，说服力更强，对运营活动的效果预判也会更准确。

（1）通过账号数据呈现，看到账号内容和账号经营的整体健康情况，比如粉丝增长情况、播放量趋势、主页浏览量、购物车浏览量、流量的投入产出比等。

（2）通过作品数据和单场直播的数据看到数据的对比情况，从而得出优化作品和优化直播的方法和途径。

二、短视频的数据指标

短视频的数据指标，主要是完播率、点赞率、评论率、转发率、关注率这五个指标。对于短视频平台的推荐机制来说，完播率是最为重要的一个指标。

（一）完播率

完播率是指视频的播放完成率。在所有看到这个作品的用户中，有多少人是完整看完这条视频的，即看完视频的用户数/点击观看视频用户数 ×100%=完播率，比如10个人中，有3个人看完了这条视频，完播率就是30%。

如果一条视频被点开之后立刻就被用户划走了，那就说明这条视频不太吸引用户，那么平台也不会把这条视频推荐给另外的用户。而如果一条视频在前几秒已经被绝大多数用户划走，而之后的时间里又在持续流失用户，那么平台的算法系统就会判定这条视频是不被用户认可的。这就是完播率的底层逻辑。

当然完播率并不是按100%完整看完整条视频来作比较。打个比方，一条15秒视频的完播率和一条3分钟的完播率，如果放在一起来比较，那这个完播率就失去了公平比较的作用，所以这个数据在短视频的算法系统中是有一定条件的，跟视频的时长一起整体衡量的。例如在快手后台的短视频数据体系中，比较的完播率就是明确的5秒完播率，也就是看完这条视频前5秒的用户比例。

在短视频平台里，完播率已经超越了点赞数，越来越成为平台算法推荐中的核心标准和重要数据。因为用户愿意把时间和注意力投入在这条视频上，就证明这条视频有存在的价值。完播率的高低直接反映了用户对于视频的喜爱程度，同时也因为完播率相比于其他数据，比如点赞率、评论率来说，时间成本（作弊成本）是最高的。

小贴士：如何提高完播率？

1.直奔主题。视频的开头不要拖泥带水，不要讲跟视频核心观点或中心主题无关的介绍，要快速切入，直奔主题，拒绝没有必要的铺垫。平台绝大多数用户可能只有二到三秒的时间来判断是否要继续看下去。如果开头拖沓，大部分的用户会选择划走。

2. 制造争议、反常规。利用网络中有些群体喜欢找碴、挑刺的特点，在文案或视频中设置带有争议的评论点。通过在视频中制造争议，或是设置一些违背常规的知识点，延长用户在当前视频停留的时间，达成视频的完播率，还可以引导用户评论，也可以诱导用户进行二次观看。

3. 只讲重点。视频中只讲重点和干货，短视频用户只要精华，拒绝啰唆，同时控制视频的时长，提高完播率。

4. 善用数字和身体语言。可以结合手势，比如“这就是我经常说过的几个重要机制”，比如“种草莓一定要注意的三个点”。这样既可以让自己和用户的思路都很清晰，也可以吸引观众的注意力，引导观众一步步地往下看。

5. 展现出核心利益。在明确通过这条视频想传达的主题信息和核心价值后，摆出可以使他获益的利益点，一步步地诱导用户往下看，从而达成完播。

6. 卖关子。这个手段在短视频中会经常看到，例如“这条视频很有可能会被系统下架，看完后及时下载”“这条视频全程干货，点赞量太差，我就会把它下架”等诸如此类的话，在视频开头就通过口播或是文字的方式表现出来，引导用户一步步看到视频结束，达成完播。

7. 设置悬念。通过画面和文案，让观众对作品中人物命运的遭遇，或者是未知情节的发展变化，保持一种期待的心情。悬念手法是小说、影视等艺术作品经常用的表现技法，也可以用到短视频的创作中，提高完播率。

8. 引导用户评论来提高完播率。有非常多的用户看视频都习惯去看看评论，看看大家都在说些什么。现在快手还在评论里设置了一个“神评论”的功能，我们可以用这个功能引导用户评论和提高完播率。另外，视频或是文案里设置带有争议的观点以制造一些明显的矛盾点，吸引用户进来辩论、互动，比如故意把文案写出错别字、制造简单的算术冲突。

（二）点赞率

点赞率指的是视频作品的点赞量除以播放量。点赞量也是平台算法中的重要指标，在抖音的推荐算法里，点赞率达到3%~5%就是优质作品，会被平台系统不停地增加推荐量。相反，如果点赞率过低，平台将不再进行推荐。但点赞率也不是一成不变的，根据账号类型、账号类目、行业的不同，点赞率也会有一些差异，有些类目的视频点赞率只有2%，也会被系统不断地推高流量，有的类目视频点赞率到了6%甚至8%，系统推送了几千的流量后也停止了推荐。在账号运营初期，我们可以把2%作为标杆。

如果有视频推广的预算，在我们发布视频后，可以购买流量投点赞量，因为点赞是在用户感知中最容易跟视频进行互动的一种方式，而且点赞量多了，也会引发羊群效应，进一步推动作品完播率、点赞率的提高。

小贴士：提升点赞量的5个小技巧

1. 传递价值。在短视频平台上，点赞还有收藏短视频的功能，所以，不管是认同还是收藏，都提示我们在创作短视频时，要秉持“利他”思维和初心，不断地提升视频的品质，用户认为你的内容有价值，就会点赞收藏起来。

2. 引发共鸣。点赞是观众对你观点的认同，所以短视频要力图引发用户的共鸣。我们可以找到同领域里的热门短视频，然后去评论里找到热门的、走心的、引发其他用户点赞和回复的评论，根据这个评论内容，再来制作短视频，这样就比较容易触及用户的内心，引发用户的共鸣，从而给你一个点赞。

3. 话术引导。在很多短视频里，我们会看到一些邀赞的话术，比如“动动你发财的小手，给我一个小红心吧”“这条视频信息量很大，数据不好我马上隐藏，记得点赞收藏”。使用这些话术引导的时候，除了套路，视频的质量还得过关，另外还是倡导真诚多一些，套路少一些。

4.视觉套路。比如有些游戏或者小程序账号，会利用视觉游戏的方式，让你多次暂停参与游戏，从而让很多人不知不觉地点赞。还有一些知识类的账号，短视频时长控制在30秒以内，这样的话就没有视频进度条，再把一些干货知识比如一张思维导图或者表格做成一闪而过，时长非常短，想要截图的用户通常会多次点击屏幕，以此来增加点赞量。但这样的套路属于奇技淫巧，不是短视频运营的大道。

5.投流买赞。为视频购买流量的时候，不买播放量，买点赞量，视频积累一定的点赞后，会引发更多的羊群效应。

（三）评论率

一条短视频评论的人越多，就证明这条视频的内容越吸引人。怎么让你的视频得到评论，就看你的视频互动怎么样。比如说一条美食领域的短视频，你在视频中穿插这么一句话："丈母娘第一次来家里，做这些菜行不行？"这种类型的互动很容易勾起别人对这句话的评论，每个有经验的人都爱分享，每个没经验的人都爱发表意见，这样就提高了视频的评论率。

小贴士：如何提高视频的评论率？

1.感同身受，产生共鸣。短视频在情境演绎中要能够调动观众的回忆，从而有一种自己就是视频主角的感觉，产生共鸣，从而引发感慨。很多观众看到一个真实故事，引发回忆的时候，也容易一吐为快，吐的是曾经的自己，感慨的是曾经的经历。

2.提出问题，引发回答。短视频故事情境中可以添加一些互动性的问题，问题最好大众化一些，可以让更多的用户参与进来。一旦触动观看者的心理，就会不自觉地在评论区进行留言评论或者阐述自己的观点和认知，特别是一些能够引起回忆的问题。

3. 增加信任，获取归属。当你成为别人的粉丝时，你在评论区为什么要发言？其实这个是通过和创作者的互动来证明自己是活跃的人，同时也是创作者的坚定支持者，以此来找到归属感。我们自己做短视频的时候也是一样的，要增加与观看者之间的信任，让你的粉丝也能够找到归属感。

4. 设置槽点，欢迎吐槽。槽点是最能引发观看者评论留言的，因为吐槽在很大程度上是在发泄自己的某种情绪。槽点到位了，评论区的评论留言也就到位了，但是槽点不一定等同于矛盾点，它是为了增加观看者的互动而设置的。

5. 控制时长，优质内容。好的内容会吸引观众的驻足，此外短视频的吸引力，在于故事情节集中而又张弛有度的释放，拖沓冗长的剧情会让人提不起兴趣，所以一定要控制时长，在有限的时间内让矛盾点展现，畅快淋漓地表达。

（四）转发率

短视频转发的人越多，传播的范围就越广，叠加推送的概率自然也会增加。转发率是五项指标中最难达到的一项指标，但也不是没办法，比如你在做乡村美食领域的抖音号，想让别人转发你的视频，前提是你的视频有价值或者是视频确实容易促成一键转发。

（五）关注量

关注你作品的用户越多，粉丝数量越多，说明你的内容对用户产生的价值越大。只要视频内容足够优质，并且找到相应人群，就会产生关注量。比如一个观众喜欢挽发、编发，但是她不会，而你的视频领域就是教别人挽发、编发的，并且她觉得你的作品很优质，她就会关注你的账号。

三、直播间的数据指标

（一）基本数据

以抖音直播间为例，基本数据包括直播间开播时间、直播时长、平均观看时长等，通过这些基本数据，我们可以迅速了解一场直播的基本情况。

（二）观众进入率（直播间点击率）

观众从瀑布流或直播广场里看到你的直播间，点击后进入直播间的人数与看到你直播间的总人数之间的比例，就是进入率，也被称为直播间点击率。提高直播间点击率的方法，包括优化直播标题、优化直播封面、优化直播间场景、增加主播形象记忆点等几个方法。

（三）人气峰值和平均在线人数

人气峰值和平均在线人数，这两个数据决定了直播间的人气，数量太低就没有变现盈利的可能。一般平均在线50人以上时，就有直播带货的变现能力，这是基本条件之一。农民主播要注意，人数太低的时候，不要着急带货，要先把人气提升上来。同时，通过人气峰值，可以找到直播流量的高峰期，在后续开播时，可以在这个时间范围内去卖利润款的产品，提高利润率，而当直播间人气有所下降时，也可以配合引流款产品，来提升直播间的人气。

（四）平均停留时长

平均停留时长是指观众留在你直播间的平均时长。平均停留时长反映的是内容吸引力，停留时间越长，直播间的内容越优质，平台就会给直播间导入更多的流量，从而形成正向循环和正反馈。平均停留时间越长，说明观众对直播间的兴趣越大，这个数据取决于选品能力和主播留人能力。

直播间用户停留时间短，说明了两个问题：一是直播间的人群标签不精准，进入直播间的流量都是泛流量，也就是观众不是目标客户，很容易就划走了。人群标签越精准，平均停留时间就会越长。二是直播间太普通了，无论是呈现的直播间场景画面，还是场景里的主播，或者是主播介绍的产品，都没有任何特点。没特点就吸引不住观众。

（五）UV价值

UV价值=成交额/总场观，代表每个观众对直播间的贡献值。举个例子，两个直播间都来了1 000人，A直播间卖了300元，B直播间卖了500元，对于平台来说，B的UV价值高于A，下一次系统推流就会给B直播间更多的流量，相反给A直播间的流量就会减少。高UV价值表示该直播间的观众和粉丝拥有更强的购买能力，可以用更高的利润产品深挖粉丝的消费潜力。

（六）点击率和转化率

点击率=商品点击人数/商品曝光人数，转化率=商品成交人数/商品点击人数，这两个数据主要反映直播间的选品和排品，只有直播间带货的商品与用户的消费意向高度匹配，才能更好地实现销量转化。

第十一章 农民直播销售员必须掌握流量思维

一、重新认识流量：内容才是流量的发源地

我们经常听到这么一句话：所有的行业，都值得用互联网重新做一遍。根源就是因为“流量”的转换。在商业中，人在哪里，钱就在哪里，互联网已经把线下商业的“客流”，转换成了线上的“流量”。所谓的流量，是指在规定时间内，通过一个指定点的车辆或行人数量。在互联网商业领域，流量就是一个个平台、App或网站的浏览量，可以按照日、月、年或某个具体作品和某个具体时段来界定和比较。本章除了探讨重新认识流量的内容以外，还涉及一些运营概念和运营思维，为第十二章“农村直播电商的运营技巧”做一些铺垫。

“流量”这个词，在互联网时代变得人人都耳熟能详，哪怕不是互联网行业的从业者，也会在各种情景下听到，比如我们会说某个明星自带流量，抖音日活流量超6亿等。如果把互联网比作高速公路，那么这条高速路就有两条主干道，一条是我们说的流量，也就是用户流，一条是信息流，用户流上流动的是用户的注意力，信息流里流动的是信息。流量来源于用户的需求，本质上是用户的注意力，用信息的价值来吸引用户的注意力，所以互联网的流量运营，本质上是通过信息和用户的交互，获取用户注意力的过程。

中国的互联网发展到现在，已经从流量为王发展到内容为王，相比文字信息和图片信息，短视频已经成为用户跟信息交互的重要形式，成为重要的流量来源。理解了流量，我们就会认识

到做短视频的立足点是给用户提供有价值的信息。这就是我们前面讲到的，我们要做好定位、做好内容，因为内容才是流量的发源地。

我们经常看到各个视频平台的数据，动不动就用户数突破几个亿、日活突破几个亿、在线时长突破90分钟等。互联网经过这二十年的发展，流量总量已经得到了极大的增长，但是流量的需求也在不断地扩大，所以对于流量，我们要有一个基本的认知，就是流量永远是稀缺的。对于我们每一个创作者而言，虽然平台的流量非常庞大，但是现在短视频平台每天上传发布的短视频条数以千万为单位，巨大数量级的短视频在同一时段争夺流量，需求大而供给少，必然导致流量的稀缺。在流量稀缺的时候，很多人会通过购买流量的方式来为自己的账号引流涨粉，可见任何流量都是有成本的，即使是短视频平台给我们的“免费”流量，也要我们付出时间成本才能获得。

所以我们作为创作者，应该明确的一点是，花费足够的时间成本，去打造好自己的短视频，才有可能撬动更多的“免费”流量，才能真正把流量成本降低。一条爆款短视频获得的流量，可能是一条普通短视频流量的几千倍，其中数量级的流量成本差异，不是靠流量购买能拉平的，这个就涉及流量池的概念。

二、建立流量思维：流量分发的流量池规则

我们在短视频和直播电商运营的各个环节，都要以“流量”为核心去考虑问题，因为流量在哪里，客户就在哪里，流量有多少，客户就有多少。无论是在策划还是运营环节，我们都要从用户对事物感兴趣的点去思考，了解现在的用户喜欢看什么、关注什么，才能点燃用户的情感，获得广泛的传播，从而获得更多的流量，这就是流量思维。在短视频和直播电商领域，我们要掌握流量思维，才能抓住短视频里巨大的流量，转换为商业价值。

所谓流量池，就是流量蓄积的容器，通俗一点，短视频的

流量池就好像是一个一个的池塘，在池塘里养了很多的鱼（用户），如果你的短视频可以顺利地“吃掉”（征服）这个池塘里的鱼（用户），获得最佳的信息交互反馈（数据反馈），你就能成长并进入到更大的池塘里去。而且根据信息反馈，短视频平台会将你的短视频作品推送到更加适合你的池塘去成长。

在短视频平台里，抖音是根据数据分析做流量分发做得最好的平台，我们以抖音为例来理解流量池的概念，理解了这个概念，对我们运营短视频的流量和直播间的流量都会大有帮助。

短视频平台的流量分配是去中心化的。在微博和公众号上，如果我们没有粉丝的话，那我们发布的内容就不会有人看。但是抖音不一样，我们可以完全没有粉丝，但我们发布的任何一个视频，无论质量好还是质量差，发布了之后一定会有播放量，从几十到几百都有可能。抖音会根据算法给每一个作品分配一个初始流量池。之后，抖音根据这个作品在这个流量池里的数据表现，再决定是把作品推送给更多的人，还是就此打住。因此，抖音的算法让每一个有能力产出优质内容的人，得到跟网红达人账号公平竞争的机会。

这种层层推算法，又叫叠加推荐，是抖音研发出来的、为每一个短视频分配用户量的评判机制。抖音会给每个视频作品200~500次播放的基础流量，根据这些播放量的数据表现，如点赞量、评论量和转发量，来判断是否继续推荐。如果数据表现不好，播放量就会停滞不前。如果数据表现不错，就会进入下一个流量池，即3 000的流量池，如果表现还是很不错，就会继续推向更大的流量池。

举例说明：

第一次推荐的播放量（初始流量池）在200~500

第二次推荐的播放量（千人流量池）在3 000~5 000

第三次推荐的播放量（万人流量池）在1万~2万

第四次推荐的播放量（初级流量池）在10万~15万

第五次推荐的播放量（中级流量池）在30万~70万

第六次推荐的播放量（高级流量池）在100万~300万

第七次推荐的播放量（热门流量池）在500万~1 200万

第八次推荐的播放量（全站推荐）在3 000万+

在这几个流量池中，有几个关键流量池。首先我们需要突破的是第一个流量池，也就是视频突破500的播放量，然后需要突破第二个流量池，也就是视频突破3 000~5 000的播放量，虽然这个流量池的流量级别还很小，但这是一个很好的开端。接下来就是第四个层级的流量池，也就是播放量突破10万，这个时候人工审核会介入，这个流量池很关键，它决定了我们的视频作品能不能火。

即使是热门短视频，流量池也不会无限大，因为平台每天的活跃用户是有限的，总的流量池是有限的，因此短视频平台的算法也有封顶机制。在短视频平台刚刚发展起来的时候，我们会看到几千万点赞的短视频，但这种情况现在基本上已经看不到了，因为短视频越来越多，观众也越来越细分了。

三、分析流量成本：产品特性和流量成本的高低

我们做短视频，是为了实现内容的商业价值，使其变现。前面我们说到内容是流量的发源地，那我们的视频作品和带货产品就是流量的基石。两个同样是100万DAU（日活）流量的作品/产品，它代表的价值却可能完全不一样。

我们可以看下面两个例子：第一个是娱乐类账号，每天发布一条搞笑段子，日均短视频播放量超过100万，这个量看起来很大，但要想把这些流量变现，难度却很大，这不是营销问题，而是产品（作品）本身定位的问题，因为用户虽然需要娱乐类短视

频，这类账号涨粉也比较容易，但是这类账号跟用户之间的黏性不大，观众刷完就走，产品（作品）本身跟商业的关联度也较低，交易属性较差，因此变现难度也较大，所以流量价值也较低。对于这一类的娱乐类账号来说，大多通过接广告来变现，因为单个浏览量、单个粉丝的流量价格低。所以就需要更大基数的粉丝和流量，才能获得较好的变现能力。

第二个是日用消费品品牌的账号，每天介绍不同的日用品，每天用买流量的方式获得100万的流量，同时通过这个流量进行短视频带货，因为日用品是刚需，目标用户数量多，产品需求大，产品单价又低，只要创作的产品短视频质量好，切中消费者的痛点和爽点，那么短视频带货的转化率就一定比较高。我们来看看流量在销售中承担的责任：

短视频带货销售额 = 流量 × 转化率 × 客单价。

综合下来，这个账号购买的流量成本就会比较低，获客成本也会比较低。因此，产品需求的强弱决定了购买流量的成本，但与此同时，每个粉丝和单个流量的流量价值也较低。流量的购买成本是由产品特性决定的，只有大众、高频、低价的产品才值得买流量，因为基础的流量成本都差不多，泛流量的成本也比较低，所以获客成本才可以做得比较低。

我们做农产品推荐和销售型的账号，当具备了较好的短视频和直播运营能力时，就可以借鉴这种流量购买的方式来运营账号，为自己的农产品开辟一条短视频带货和直播带货的渠道。因为农产品的客单价都相对较低，有刚需、高频的强交易属性，所以流量成本也相对较低，比如很多的低客单价的水果、茶叶等农产品销售账号，都在借鉴这种流量运营的方式，决定获客成本的是产品本身。

四、分析流量价值：精准流量和泛流量的差异

泛流量，是指在特定的时间里，对多个信息或内容都感兴趣的人，获取信息或内容的方式多为平台推送、被动接收。精准流

量，是指对某个特定领域的信息或内容持续感兴趣的人，获取信息或内容的方式为自己主动搜索、关注。

与泛流量相对应的是泛粉和公域流量。娱乐类账号的观众就是典型的泛流量，拿着抖音、快手、视频号乱刷的人也是泛流量，明星的粉丝也是泛流量，泛流量的价值在于多、广，也就是人数多，受众面广。有些行业或产品却没有相对精准的客户，比如日常消费品，包括食品、电子产品、农产品、日用品等，或者说他们的精准客户群本来就分布在多个行业或领域，那他们需要的正是泛流量。所以，泛流量可以通过有大需求的行业和产品来变现，比如明星和网红通过广告代言来变现，泛流量很赚钱。

与精准流量相对应的是精准粉丝和私域流量。有些行业锁定的是精准客户，比如大部分的2B业务就是如此，他们的客户分布在一个个细分的行业或者对这个细分行业感兴趣的人群中，比如养殖、种植、各类培训等。在短视频出现以前，我们可以通过搜索引擎的关键词来找到精准客户，这就是典型的精准流量。精准流量与泛流量的主要区别在于客户是主动获取想要的信息。但是到了短视频时代，精准流量除了一个个的关键词以外，还是一个个的用户标签。根据用户标签，短视频平台可以把你的短视频和直播间推送给匹配标签的用户。举一个例子，现在很多在种植养殖领域的专家就可以通过短视频找到养殖户和种植户，把自己的产品或者培训课程展现在用户面前，并获得转化，变现成商业价值。精准流量也因为其精准，变得很值钱。

总的来说，泛流量由于池子大，用户覆盖面广，能够承载的商业规模也就越大，总体价值更大。定位于泛流量的账号，把不断地降低获客成本，提高转化率作为运营目标。而精准流量因为池子小，针对特定人群，直达用户，账号以提高单个粉丝的价值和单位流量的价值作为运营目标。

作为刚开始做短视频和直播电商的普通人，一般情况下，结合自身账号的定位，以获取精准粉丝开始，提高单位流量的价值，相对起步的门槛比较低，难度也较小。如果自身账号或者自身产品的目标是要去获取大量的泛流量，从流量购买成本和运营成本来说，开始的门槛都是比较高的。

如果把我们的账号（作品）也看作一个产品，那么判断它的流量价值时，主要看以下几个要素：第一是用户数量，第二是时长（用户黏性），第三是交易属性。有一个公式可以衡量：流量价值（账号价值）=用户数量 × 时长 × 客单价 × 交易次数。不管我们是打造以泛流量为目标的账号，还是以精准流量为目标的账号，都可以用这个公式来打造和运营自己账号的商业价值和变现能力。

五、运营免费流量：多维度引流的流量思维

不管是短视频还是直播间的流量运营中，我们都可以善用“免费”这一杠杆来撬动短视频和直播间的流量。运营流量本质上就是把握人性。不管是穷人还是富人，都喜欢占便宜，而“免费”就是直击人性弱点的运营手段，运用免费思维，就可以获得流量和用户。

在经典市场营销理论4P理论中（4P理论是一种营销理论，即Product、Price、Place、Promotion。取其开头字母，意思为产品、价格、渠道、促销），信息越发达、越透明，用户可选择的产品越多，用户购买的渠道越多，购买越便利的时候，什么最能打动用户？唯有价格。而免费是市场竞争中一把无往不利的利器，在互联网领域，成功的公司往往先做免费的应用，通过免费来吸引用户尝试产品和传播产品，例如微信、QQ、淘宝、百度等，更有甚者甚至通过补贴来吸引用户，例如滴滴和美团。这些互联网公司通过这些方式都成功地打造了自己的产品价值和公司价值。如果我们把短视频看作一个产品，把主播看作一个公司，那么我们可以选择哪些产品，用免费的方式来获得流量和用户呢？

举个例子，假如我们是一个做农业技术知识付费定位的账

号，那么就可以把用户最为渴求的一个入门知识产品作为免费产品，在符合规则的情况下，在短视频里和直播间里作为免费赠送的产品来引流，并且引导用户评论，增加评论率，利用免费产生的势能，增加短视频和直播间的流量。

第十二章 农村直播电商的运营技巧

运营工作包括短视频运营和直播运营两个方面。本章将梳理和架构一个完整的短视频和直播电商的运营流程，并在这个流程中穿插一些运营要点。

一、短视频运营

在短视频运营中，普通运营每天盯着视频播放量，成熟运营每天盯着粉丝转化率，运营高手每天盯着变现转化率。

（一）做账号定位

短视频运营一定要先想好怎么变现，包括定位、内容、人设和变现方式之间的关系。如果你在定位的时候没有想好怎么变现，往往到了最后，变现会非常困难，甚至根本没法变现。比如你想做一个苹果种植知识的账号，你是想通过知识付费来变现，还是想通过卖苹果来变现？如果是知识付费变现，你就需要解决付费人群在种植苹果过程中出现的问题，他们才会愿意为你的知识进行付费。分析目标客户的人群画像，他们的年龄，他们所在的城市、圈层，他们比较喜欢看的内容，从这些分析中选择并确定两到三个标签，根据标签精准传递知识，那么你的内容就可以是系统地帮助果农解决种植中的常见问题。人设就是基于定位、变现和内容，做一个非常专业的、有能力的、有经验的人。这就是变现、账号定位、内容、人设之间的关系，是从变现到账号定位，再到内容，最后到人设的过程。

（二）做账号准备

账号准备包括账号页面装修。装修账号是为了给观众留下好印象，并展示账号定位，增加观众关注你的可能性。好的账号装修可以增加粉丝关注的概率，能够最大程度地留住粉丝，因为用户通过扫描你的主页，基本三秒就能决定是否要关注你。

那么，我们如何装修短视频账号呢？从昵称、头像、背景图和个人简介这四大要素入手，因为这四大要素是短视频账号的“门面”，会影响账号的流量。我们来重点讲解下昵称如何来取。

昵称在粉丝心中很重要，就像一个企业的品牌名称。取昵称的时候，遵循好记、好理解、好传播、调性统一这四个原则，并且尽量不要反复更改昵称。比如你是做种猪养殖的农场主，你的昵称就要让观众一眼就知道你是干什么的，因为昵称可以帮你过滤掉那些对你不感兴趣的用户，换句话说，你会获得精准的意向用户。

取好昵称的四大方法。

第一，在昵称中加入地名，很容易获得同城同地域粉丝的关注，而且接地气，比如云南小花。

第二，在昵称中使用叠字，不仅朗朗上口，而且容易加深粉丝对你的印象，比如抖音达人“白马季小小”的叠字昵称就让人印象深刻。

第三，昵称中加上数字或字母，让名字更有个性，比如说黑脸V、七舅脑爷。

第四，利用谐音，可以制造趣味性，也能引起关注和话题，比如章三疯这个昵称就很有创意，让人过目不忘。

一句话概括，取好昵称的方法就是：你是谁，你是干什么的。套用一个模板：个人名字+你的定位，比如你是做草莓种植的就可以叫“草莓种植王小二”。昵称不要乱起，要结合自己的账号定位和调性来起名，而且昵称中明确给观众提供价值，这样涨粉效果会比较好。

（三）内容打标签

我们花费很多时间去创意、拍摄、剪辑一个几分钟甚至几秒的视频，结果没有人看，究其原因，我们遗漏了最关键、最必要的一个步骤，给短视频打标签。

标签是抖音给每个视频、每个账号和每个注册用户打上一个标记，目的是方便抖音推荐算法的精准推荐。比如说美食标签的粉丝，更容易看到美食标签的账号，发布美食标签的视频被推荐的概率会更大。

好的标签可以使短视频命中算法推荐逻辑，直达粉丝用户群体，增加自然流量。所以标签不是简单地给视频分类，而是代表着分发给不同的粉丝群体。不管任何平台，标签意味着符合该关键词画像的用户群体，意味着观众的点击率，意味着变现的可能性。

标签可以分为三类：账号标签、内容标签和粉丝标签。账号标签代表你的账号的垂直定位，垂直内容可以在视频推荐评分时获得额外的加分，得分越高，视频被推荐的排序也就越靠前，获得大流量的概率也就越高，这就是所谓的账号垂直的重要性。建立账号标签在运营圈使用的方法有三个：创作者服务中心修改创作者身份、抖加投自定义达人和连续发布某一个领域的垂直作品。

内容标签是由推荐算法抓取视频的关键信息，影响内容标签的主要因素，包括视频标题添加的话题要垂直且同类，视频中出现的文案和口播自动识别的关键词，经常在评论区中重复互动的关键词。

最后是粉丝标签，用户的兴趣标签就是粉丝标签，一个粉丝可能有多个兴趣标签，就像一个视频可能有多个内容标签。我们需要通过自己的垂直内容，来判断自己的目标客户主要的标签是什么。当你在选择做抖加目标达人投放时，就一定要找到那些粉丝标签和你的目标用户相重合的达人。

（四）专注上热门

分析、模仿爆款短视频，并从模仿中找到生产匹配自身定位的爆款短视频方法论，无论是研究蹭热门话题流量的技巧，还是内容高潮前置的技巧，都是为了找到让自己上热门的方法。专注于拍能火的视频，我们要对每个视频都有强烈的上热门渴望和爆款需求，我们需要涨粉。所以去看100个跟自己细分行业和垂直度相同、点赞量最多的视频，前期集中精力，只专注于能火的话题和视频去模仿，并在模仿的过程中提高自身。

呼应上文的“内容打标签”，让短视频平台的算法系统给一个账号、一条视频真正打上内容标签，最重要也最有效的一个方法，就是真正拍摄、制作出一条上热门的爆款短视频。通过大流量的用户筛选，有了大量的数据支持，系统才能根据产生的数据，给你的短视频内容打上清晰、明确的标签，从而让一个账号具有真正意义上的内容标签。

二、直播间运营

（一）扒数据

不管是短视频带货还是直播带货，我们的目标都是销售。那么直播间运营的第一步，就是围绕“带货”这个核心目标展开，分析我们的账号定位、主播定位、直播间定位。在我们的细分类目里，哪个商品在直播间卖得比较好？那些转化率高的商品价格体系是多少？通过这些数据的收集和分析，来增加我们选品成功的概率。那对于销售自有产品的农民直播销售员来说，可以去选择跟自己产品相关的爆款产品来带货，用这些爆款产品来支持直播间的运营。

（二）选产品

大数据时代一定要用数据平台来选品。一些线下供应链的老板普遍对自己的产品有信心，说自己一直卖得很好，你拿过去肯定没问题。而实际上有些产品虽然在线下卖得好，但不一定适合直播卖货。

选品不是乱选，也不是凭自己的感受，也不是听别人说某某家的产品很好等，我们要从大数据、大方向这两个逻辑来确定选品方向。第一，通过数据平台查看往期产品的数据以及整个大盘数据，比如用飞瓜、蝉妈妈等；第二，前期重点关注日榜、周榜、月榜的销售情况、退货率、生产能力和利润情况；第三，事先有目标，想选择哪款产品，这个跟自身定位和优势相关；第四，前期选品的目标必须是爆款，通过爆款来带动自家产品销售，通过爆款来测试新品。

（三）做排品

直播间常见的产品有三款：引流款、福利款、利润款。引流款，顾名思义，起到增加流量的作用，或者吸引了流量停留和下单。引流款的特点是普通大众都想要的产品，没有地域限制，大众认知价格高，但其实在行业内拿货成本很便宜或比较便宜的产品，当然也有可能这款产品的销售价格跟大众认知一样，是亏本的。此外，引流款要跟后期卖的利润款没有冲突，和利润款不同功能、不同属性，最好跟利润款互补。

福利款是作为引流款的补充或承接流量的，目的是提高UV的价值，但不会与引流款的价格相差太大，导致直播间人少的情况，其特点是性价比高，基本不赚钱。

利润款是可以赚钱的产品，前期卖亏了，后期可以通过利润款赚回来，而且利润款得是卖得动的产品，是可以盈利的爆款产品或潜力爆款产品。

把引流款、福利款和利润款进行先后顺序的组合和排列，就是排品，排品在于把各种类型的产品组合在一起不违和，且环环相扣，具体的排列顺序可以根据运营策略来决定，当然也需要不断测试来优化。

（四）搭场景

直播场景的搭建是极为重要的一环。很多人以为这个场景就是个画面，这是不全面的。做直播带货跟做线下销售和线下活动是一样的，不但设计要漂亮，还要有氛围，所以，场景是有画面、有声音、有互动的。场景指的是整个消费环境，比如我们去听演唱会，有舞台和会场的布置，有乐队激扬的音乐，有明星、歌手卖力地热情演出，有观众和粉丝拼命地呐喊，这些所有的元素把我们带入了演唱会这个场景。所以直播也是这样的，它既要有看到，也有听到，既要有产品，也要有人物。直播场景的搭建和布置，详见第八章。

小帖士：如何提高直播间用户的停留时长？

我们首先要明白观众进我们直播间图什么？第一，稳定可期待的价值，比如想在直播间获得某种利益，抢购物美价廉的商品，参加活动福利以及了解相关的专业知识等。这些利益点都是让用户愿意进入直播间观看、停留和互动的重要原因。

建议我们在直播带货的时候，在左上角设置一个倒计时的红包抽奖。如果每隔10来分钟就有一波这样的抽奖，能够大大提升用户的停留时长，也能增加直播间内的互动。

第二，优秀的直播内容。例如在直播间结合产品讲主播自己的故事以及一些正能量的东西，都会吸引用户停留。好的故事总是天然带有兴趣和情绪的钩子，不管是看的人还是听到的人都容易被钩到。而且故事可以消解用户对广告的排斥感，以一种更巧妙的方式吸引用户的眼球，走进用户的心智，并且有更大的概率留存于用户的记忆中，不被滚滚袭来的信息洪流冲淡。

再比如介绍一款有机燕麦，主播可以讲解燕麦在种植过程中不使用农药化肥和除草剂，把产品的认证情况、种植历史、适合人群、食用方法等一系列专业知识讲给观众听，就会让观众受益良多，从而提升粉丝信任感，让粉丝心甘情愿地给你点关注、点赞等。

第三，定时、规律地直播。每天的直播最好固定时间、固定时长，形成稳定的规律，这样粉丝才会按照你的规律按时过来看直播。可以把固定直播时间段写在个人简介中，也可以在发作品的时候顺带公布自己的直播时间。

（五）做引流和转化

对于刚启动的直播间来说，前期可以通过预热引流视频，以较低的预算进行直播间引流。在直播过程中，不断优化提升用户人气、留存时长等基础数据，精确化直播间标签，促进直播间权重的提高。直播间的权重越高，未来获得的自然流量推荐也就越多。

在直播间搭建早期，最重要的是通过场控提升人气，把控直播节奏，可以重点关注直播间实时流量数据的变化，来调整直播间红包、秒杀等活动。同时结合流量走势图，支持分钟级监测直播间流量来源、用户留存、商品转换等数据，直观地呈现出直播间的数据走势，以便运营团队及时调整直播节奏和商品上架策略。

这时候应当适时地调整直播节奏，可以考虑通过上秒杀商品、发放福利、粉丝抽奖等活动来提升观众的停留时长，重新引燃直播间的氛围。除了实时查看直播间在线人数的变化外，还可以查看直播间实时流量来源，直观反映出自然流量和付费流量的引流效果，为千川、FEED等广告投放作参考。在直播间场观、平均在线、留存时长、弹幕互动等关键数据相对稳定后，再通过加大付费投放，撬动更大的自然流量，冲击直播间GMV（Gross Merchandise Volume），并进一步提高ROI（Return on Investment）。

小贴士：直播间引流短视频怎么拍？

直播引流短视频可以为直播间大量引入精准人群，对观众进行精准种草。观众进入直播间后，主播通过强大的话术、适当的SKU（Stock Keeping Unit）货品组合，在直播间内实现转化。

直播引流短视频的风格和内容要求高度垂直，不论是剪辑，还是音乐风格、模特的选择，都要为商品服务，与目标用户的需求匹配。当一条引流视频有良好效果的时候，需要及时拆解这条爆款视频，让视频制作开始流程化，从而轻松进行批量复制，大幅度减少视频制作的成本，提高更新频率和效率。

引流短视频的类型可以分成四种：

第一种是直播间切片类的视频，但随着观众眼光和偏好的提高，流量竞争的激烈化，这种引流短视频在逐渐减少。

第二种是产品痛点展示型，这种引流视频较为常见，很多商家都会批量式地展示所销售的产品，针对痛点对用户实现精准种草。不少人看到这条短视频就直接被种草，不用进直播间，在橱窗内就能完成转化。更重要的是，这类短视频吸引了一大批精准流量进入直播间。

第三种是剧情段子型，这类引流短视频注重轻剧情设计，用诙谐的段子来展示直播的信息点和时间，其中做得最好的当属罗永浩老师。这类视频对团队剪辑、脚本能力都有一定的要求，更适合需要提高直播间引流视频质量的团队去尝试。

第四种是人设内容营销型，这类直播引流视频往往并不直接卖货，更重视在人设内容方面的展示，然后配合评论区开始做直播引流。最显著的案例就是抖音的彩虹夫妇，2021年6月的十周年直播场次，彩虹夫妇发布了20条以上的预热视频，为直播造势。其中彩虹夫妇两人十周年回顾的短视频成为大爆款，彩虹夫妇通过自己的奋斗史与用户进行共鸣，让不少不认识彩虹夫妇的人开始路转粉，开始了解和信任彩虹夫妇，从而在直播间内下单购买。

（六）复盘

直播复盘的要点包括三个维度。

一是商品复盘。选品的好坏直接影响了直播带货的转化率和利润的多少，每次直播结束后，可以通过复盘看到直播间的曝光量和点击量最高、转化率最高的商品，了解和分析直播间观众的喜好，从而调整下次直播的选品。

二是互动复盘。主播在直播时，通常需要根据评论与粉丝进行互动，调整直播节奏，接收粉丝反馈，挖掘粉丝需求等。互动分析不仅是展示直播进行时粉丝的关注点，也为后续的直播提供方向。通过关键评论，可以查看直播间观众提及的商品种类和品牌需求，更好发现观众的潜在需求。主播就可以在下场直播中着重讲解观众感兴趣、有下单意向的商品，互动效果肯定是比较好的。

三是话术复盘。直播中需要根据直播间的实时流量情况调整商品的讲解次序及节奏，用不同的品和话术承接不同渠道的流量。这需要主播不断复盘历史直播高光时刻，分析不同商品在不同流量渠道的转化效果，总结高转化话术。通过录像还可以分段下载直播高光时刻，单独复盘某一时间段的话术及商品承接效果，总结高转化承接经验，在下一次直播中套用。

第十三章 如何打造农村直播销售团队

一个专业的直播团队，需要有主播、运营、场控、拍剪、客服、选品等多个岗位。不同的品类对岗位的要求会存在差异，甚至有时还会出现一人多用的情况。总之，直播团队的作用是负责整个直播有序进行。作为一个新直播间，要秉持专业的人做专业的事，核心的人做重要的事的原则。这样既可以保证做事效果，又可以节省成本。

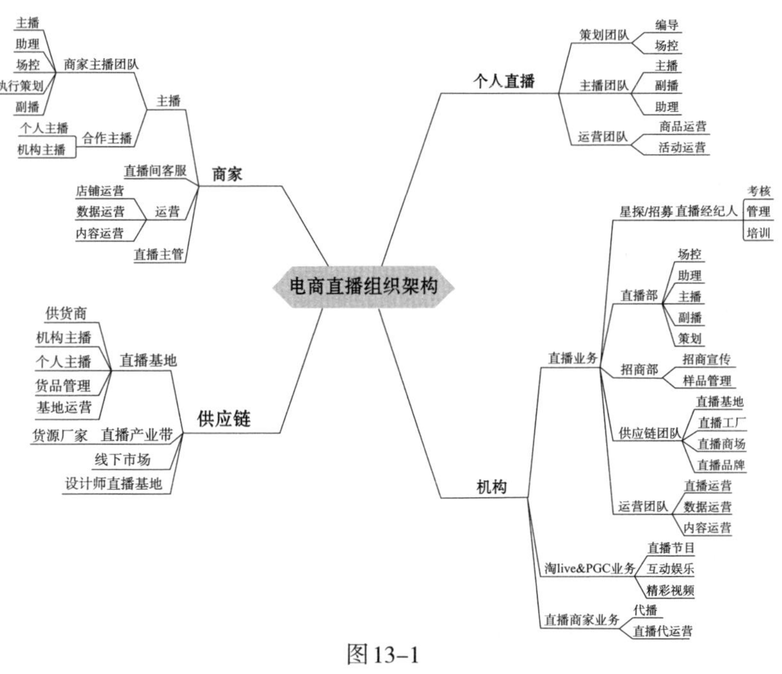

图 13–1

如图13–1所示，这是一个较为完善和专业的直播团队，涉及商家、个人直播团队、MCN机构以及供应链四个部分。由于我们的学员只针对乡村直播，因此我们就将视线放在个人主播团队的基础框架上，解析农产品直播带货团队的组成部分。

一、操盘手（运营）

所谓直播电商操盘手，就是一场直播带货活动的唯一总负责人，包括选品、布景组织、投流等都由其把控。换句话说，操盘手就是一场直播销售的项目经理。

操盘手可以是一个人，也可以是一个团队。成为操盘手首先要对直播平台当下的关键词、算法以及热门的逻辑有非常深入地了解，要尽可能多地掌握直播所涉及的各种知识，并且适应各平台的实时变化。专业的农村直播操盘手将从以下六个方向做一套完整的操盘方案。

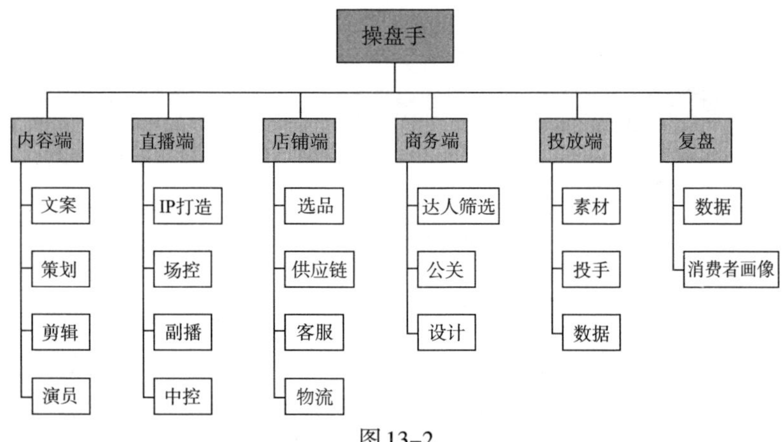

图13-2

（一）提炼产品卖点

直播首先要考虑的是流量，没有流量，是不具备销售条件的。有效吸引粉丝的第一步，就是根据产品的品类和定位，从中提炼自己的产品卖点。

（二）配套打造特色

吸引粉丝的第二步就是配套打造特色环境，比如同样是卖梨，如果你把果园的自然环境、种植细节、客户到访等展现出来，给潜在客户群和粉丝一种自己也身在种植场的环境，更容易有关注量和成交量。另外，操盘手会根据直播活动的特点，设置直播销售活动。比如某个新品种上市，稀缺；比如价格特别优惠，一年等一回；比如团购，凑够人数就打折等。

（三）完成主播IP塑造

打造一个有故事且形象魅力彰显的主播，令其成为个人品牌，需要操盘手根据主播的实际情况和直播间特点提炼塑造。

（四）完成种子用户群的积累

在主播开播前，操盘手需要先根据粉丝群像、平台特征等对种子用户群进行推算，并根据预热直播的完成度、成交量展现、热度和传播度等多维度，寻找出最有效的主播曝光度，进而沉淀粉丝。

（五）售后运营

在主播完成直播后，操盘手要把该次直播完成的订单按最优级别处理，比如优先发货、免费退换、质量更优等，确保口碑的二次营销，从而提升下次直播的复购率和成交量。

（六）精确复盘

复盘不等同于总结，总结是一次直播得出的结论，但复盘是重新来看整场直播的效果。操盘手将通过复盘数据来强化直播目标，在复盘时发现直播规律，为下一次直播做好必要的准备，减少不必要的精力和时间消耗；复制上一场直播的技巧，不断提高直播间的亮点，助力持续直播输出，避免“一锤子买卖”出现；操盘手将通过复盘避免直播中出现的失误，让下次直播更顺利并趋向成功。

二、主播

主播是直播活动中的核心。其主要职责是在开播前对整场直播的脚本内容、节奏、产品特性、利益点等环节和细节做到了然于心，同时要了解该场直播的要点信息、直接及间接粉丝福利等；直播中期积极活跃直播间的气氛，跟粉丝互动，留住直播间的粉丝并引导新粉关注。此外，农村直播电商主播需更加注重对产品的宣传、对家乡文化的宣传、对乡村环境的展示以及对粉丝（消费者）的服务等。

如何留住粉丝，如何带动更大的消费，是主播们必须重视的课题。

第一，主播要具有语言能力，也就是用语言来控制现场的能力。要做到能说、会说、敢说。其中会说是说出让观众和粉丝感受到价值的话语，从而愿意去买单；敢说是敢于说出产品卖点、活动力度、解决问题的办法等。

第二，主播要有形体表达能力。好的形体表达能力会让语言的影响力事半功倍，也更容易让人信服。直播中，主播的一举一动都被粉丝看在眼里，包括坐姿和举手投足等，好的形体还能提升亲和力，被更多人喜欢。

第三，主播要具备综合应变能力。在直播中，主播因为情商“翻车”的事情数不胜数，换句话说，因为直播“翻车”，主播缺乏应变能力导致舆论不断发酵的事情非常多，这不仅影响主播自己的口碑，还会影响带货产品的销售量。如果主播具备稳定且健康的心理素质，就会临危不乱，应急处理问题，走出困境。另外，由于直播带货的过程受到多方因素的影响，会遇到难以突破的数据瓶颈、流失的粉丝、产品销售反馈等难题，都会给主播造成心理压力，那么，主播要做的就是学会释放一部分压力，并将其转化为动力，从而输出更有价值的内容。

第四，主播的控场能力。主播和观众、粉丝的关系非常微妙，任何的外力作用都可能影响到主播的直播效果，可能是一个观点，也可能是一个不起眼的行为。作为主播，如何避免互动时的尴尬和突发的各种事故，避免因此出现数据负增长，保证直播顺利进行，成为考核主播能力的关键之一。

第五，主播个人IP塑造。在直播间里，有价值的除了内容本身，更关键的是能吸引流量的人——主播。主播在直播间长期表现出来的内容和个人的性格特点也叫作人设，这就需要在开播之前规划好，定位是对内容的把控，人设是对粉丝的把握。知己知彼，直播所提供的内容才有价值。

三、副播

副播是协助主播进行直播、与主播进行配合、对直播间规则进行说明等工作的人。有时因条件有限，副播和主播助理可以是一个人，负责配合直播间所有的现场工作、产品摆放等。副播的工作性质强调辅助，工作内容有协助主播开展直播，参与策划直播的内容，在各大平台发布直播预告，需要时，在直播间充当副主播的角色。

在直播间，副播和主播一样，有其独特性。有副播，主播可以更好地展示和介绍产品，增加直播间的互动热度，同时副播还兼顾运营工作。如果主播是直播的灵魂，那么副播就是带货的核心所在。

副播需要充分了解本次直播的所有产品，与主播一起制定直播策略，比如发放优惠券的方式和时间点。正式直播期间，副播需要跟着主播的节奏及时更新产品链接或者发放优惠券，同时帮主播做产品信息补充，为观众演示领券或下单方式。

一个好的副播需要掌握以下四大技能：一懂如何让直播间人气更高，掌握互动技巧；二懂如何和主播保持紧密和良好的沟通，做到互相理解；三懂“电商”的本质，熟知直播中所有的产品信息和卖点；四懂直播平台的推荐机制和直播间的运营技巧，深度了解直播的技巧和雷区，得到更优质的商业流量。

四、场控

场控的主要任务是协助主播把控直播间的氛围和节奏，引导粉丝互动，处理突发状况。场控好比直播间的导演，在把控直播节奏的同时，统筹整个直播。

场控在一场直播中的具体作用体现在以下五点。一是调节直播间气氛，场控在主播直播期间的主要工作之一就是调节气氛，带动粉丝节奏，配合主播的直播节奏，让直播间不出现冷场，继而推动消费者下单。二是提升成交量，场控直接影响单场直播的成交额。场控可以引导粉丝发言，拉回主播的直播话题，并用多种方式来推进销售。据头部主播表示，有场控的直播成交量大过主播自己单人直播。三是维持言论秩序，在遇到粉丝打广告、挖人、带节奏等影响直播间氛围的事情发生时，场控会及时清理，保持直播间的和谐气氛。此外，在主播进行才艺表演时，场控可以在弹幕里面引导粉丝展开话题讨论、制造话题等，其间还需正向引导，防止舆论失控，导致“翻车”事故的发生。四是掌握商品库存，避免粉丝下单后没有库存的情况发生。比如一场直播的库存中共有1 000箱苹果，但直播时产生了1 200箱苹果订单，那么作为场控，一定要与商家提前沟通好，是否可以提供多出来的200箱，如果不能提供，场控要时刻提醒主播截单。五是协助直播复盘。场控在主播直播过程中的协助与记录有利于后续直播复盘，及时改进直播中存在的问题，优化直播流程，丰富直播内容。

五、中控

在直播时会有非常频繁的商品上下架、红包发放、优惠券发放、活动报名等操作，这些都需要专门的运营人来操作，而负责这项工作的人就叫作中控。

中控与场控的区别在于前者控制商品变化，后者控制直播气氛、与人互动。中控的主要工作内容包括以下几点。一是开播前配合选款与制作数据。在一场直播前，有些主播会自己选款，然后搭配组合售卖，这时中控将为主播提供所选取的款式价格说明，并在主播确定款式或组合后做出一场直播中所涉及的所有产品价格名录，也就是播前产品数据，其中包括商品型号、颜色、尺寸、ID、数量等，确保直播时货品库存以及产品明细足够清晰。二是开播中改价格与提醒主播产品价格。在直播开始后，由于主播的关注度在产品本身的特点上，没有办法记住价格，此时中控将以小黑板的形式提醒主播产品的吊牌价和直播间的价格分别是多少。随后进行最基本的工作内容，也就是后台操作。

这里要注意的是，中控的改价速度一定要跟得上主播的节奏，不要出现价格误差。

六、摄像

摄像师在直播团队中扮演的角色至关重要，一个IP的成长离不开的就是镜头，尤其是乡村短视频直播，要保证视频或直播的真实性，留下乡村特点，这其中包含对环境的拍摄和对产品的拍摄。

一个好的摄像师能通过镜头语言充分挖掘短视频的冲击力和表现力，从而为剪辑留下优秀的剪辑素材，而且还能和编导进行很好的沟通，在高效率完成编导规划出的拍摄任务的同时，保留自己的创新意识。

好的摄像师要具备的基础职能就是拍摄出可用的视频和图片。那就要求摄像师具备充分了解镜头脚本的能力、精湛的拍摄技术和简单的剪辑意识。在摄像师收到脚本后，第一时间根据脚本内容，通过镜头把想要表达的内容表现出来。其次，也是至关重要的核心能力——镜头的运用。摄像师要掌握镜头推拉技巧、跟镜头技巧、旋转技巧、甩镜头技巧、镜头升降技巧与晃动镜头技巧等，特别是在直播间，这些技巧的应用将会直接影响观众的观看感受，一场带有观赏性的直播无疑是增粉的关键，而善于捕捉产品的拍摄技巧也会无形中促使粉丝下单。因为拍摄和剪辑是密不可分的。剪辑非常依赖摄像师的拍摄素材，那么具备一定的剪辑能力也成为摄像师的必备武器。

一名优秀的摄像师还要善于沟通、观察以及应变。摄像师需要和主播、化妆、灯光等部门的人员进行有效沟通，以确保直播或拍摄顺利进行。在拍摄中，因受到外界因素的影响，摄像师要保持有独特的观察力，可以根据客观变化及时捕捉影像。拍摄短视频很考验摄像师的应变能力，受客观因素的影响，直播拍摄有时会中断，此时需要摄像师根据当时、当地的拍摄条件捕捉到有价值的短视频内容画面。

七、剪辑

一般来说，摄像在拍摄完短视频素材后会将其交给剪辑，剪辑会进一步整理短视频素材，通过剪辑做出完整的短视频。

优秀的短视频剪辑需要具备分辨素材好坏的能力、剪辑素材的能力、找准剪切点的能力以及选择配乐的能力。

剪辑要通过艺术思想体现，让观看短视频的人群感受到短视频呈现的强大艺术性，从而愿意去关注账号，进而为后面直播带货打下基础。剪辑中稍有不慎，就会浪费掉文案以及摄像的前期工作成果，因此强大的抗压能力是一名优秀的剪辑师必备的能力。对于剪辑来说，需要具有一定的专注力，每个视频都需要小心翼翼地进行剪辑，其中包括幅度、时长、转场、特效等，一旦在一个步骤上大意，都可能导致短视频失去了应有的输出效果。此外，还需要具备清晰的思维方式，要做到在剪辑前心中有物，根据素材和文案要求把控，从而实现有效输出。当然，短视频的剪辑同样要具备沟通能力，作为剪辑应当及时与团队其他的职能负责人进行沟通，以获得最佳的剪辑灵感。

好的剪辑会避免不同视频连接之间逻辑的不连贯，会寻找镜头之间的逻辑联系，然后再将二者顺畅地连接在一起；避免拍摄对象与摄影机之间轴线混乱，令观众观看产生空间混乱感；避免音乐失位，确保画面与音乐和谐，通过剪辑增强观众对画面的感知。

掌握节奏是短视频剪辑的重中之重，是带动观众情绪的重要指标。在有背景音乐的前提下，随着节奏舒缓的时候放长一点的镜头，例如画面有叙事和情节的镜头；节奏快的时候，剪切速度加快，放一些画面内有强烈动势的镜头，例如特写、镜头急推急拉等。

剪辑短视频时要注意字幕、Logo标识、旁白文字等的放置位置，总体原则是不能遮挡主画面。在剪辑视频时，尽量不要采用背景中有多余的线条、图形、物体、符号等会误导或分散观众注意力的镜头。如果是景深很浅且背景几乎虚焦，则可使用快速剪辑的方式，使画面一闪而过。另外镜头画面也要杜绝出现边缘切掉人物脸或身体的情况，这样的画面就成了视频剪辑的灾难，要尽量保证画面的完整性。

目前，短视频直播创作团队很多都将摄像与剪辑职能归为一体，一专多能。无论是一个人的队伍还是完整的直播团队，做好剪辑都是获取粉丝的关键点之一。

八、编导（文案）

在短视频和直播团队中，编导（文案）的作用很大，其主要工作内容包括参与确定内容选题、撰写标题与简介、短视频开篇与结尾、短视频或直播内容脚本和营销植入等。编导是视频中画面和文字的黏合剂，是短视频或直播内容获得更多的曝光和点赞评论的关键。

一个好的编导需要深度揣测“人”的情感特征，进而用文案、画面打动观众，拉近和观众的距离。

首先，做到与人、物相关联。一份好的文案能让人联想到自己或者身边人的需求；能清楚地描述物品的使用价值和预期价值；能与某个情境产生共鸣。好的文案一定是基于洞察的，具有商业的策略性，让消费者想到自己和产品的联系。

其次，洞察人性中的趋利避害。优秀的编导会规划视频中温暖人心的场景，顺应人的潜意识，让人不自觉就产生情感偏好和信任，建立熟悉感，使人对产品和主播产生信任。

最后，关联消费选择。优秀的编导会通过画面和文案，让产品销售力增倍。做到提醒购买、触发下单的两个黄金法则就是：

改变别人的行动而不是态度，不要改变别人的愿望，而是去实现它们。一个好的文案要懂得充分调动环境对观众购买选择的影响，同时又不触动人们的反感情绪，不去创造大众的欲望，而是将欲望引导到自己的内容上来。

九、选品师

在直播带货中，直播选品师的岗位很重要，其主要职责是挑选优质商品进入直播间、预测下一个爆款产品、对比同类商品哪一个更值得被推荐等。

一场精彩的直播，抛开主播的个人影响力，最不可或缺的就是具有性价比与竞争力的货品。一次选品失败，可能会导致直播“翻车”，直播“翻车”可能造成此前在消费者群体中建立起来的信任顷刻崩塌。

一个好的选品师需要有一定的敏感度和绝对的判断力。选品师要在直播带货中懂货，还要懂人。在新商家不了解直播间规则时，选品师会和商家进行初步沟通、融合内化信息、寄样审核等，之后总结产品卖点，利用专业知识提炼产品信息，进而通过主播传递给消费人群。

除了对比产品的质量、口碑、性价比、消费者的喜好等，选品师还会对供应链进行筛选，保证产品的稳定供应。

直播选品师大部分由销售、导购或电商运营等从业者转型，而有些中小直播间，也存在选品师身兼数职的情况。从未来发展的角度来看，选品师是保证直播间货品质量和数量的关键角色。

第十四章 如何防范农村直播电商的法律风险

直播带货在迅猛发展的同时也存在一些乱象。在直播带货的过程中，出现了一些主播因为不了解商品或者言论不当造成“翻车”的情况，甚至还有网红直播销售假货。“直播带货中的消费问题频现”被中国消费者协会列为2019年十大消费维权舆情热点问题之一。2020年3月31日，中消协发布的《直播电商购物消费者满意度在线调查报告》显示，有37.3%的受访消费者在直播购物中遇到过产品质量问题。

2020年9月17日和10月25日，辛巴徒弟、辛选旗下主播“时大漂亮”在直播间推广“小金碗碗装燕窝冰糖即食燕窝”时“翻车”，被职业打假人王海打假。事后，辛巴团队被罚款90万，包括辛巴在内的团队旗下主播，均被封停账号几十天。

2021年5月，二驴夫妻因涉带货山寨朵唯手机被调查。为安抚消费者，快手给出了“假一赔九”的高标准赔偿方案，快手平台方、涉事主播以及涉事品牌方，均给予消费者3倍购机款赔偿，且退款不退货，而依据二驴夫妻直播间的销售数据，大约带货了3万台朵唯手机，也就是说，二驴夫妻、快手及朵唯各需承担约1.3亿元的赔偿款。

2021年8月30日，上海市消保委发文，主播薇娅推荐过的田园主义低脂全麦欧包，消费者吃了可能不仅不会瘦，相反体重还会增加。在此之前，薇娅已经有过多次“翻车”，从旗下店铺抄袭，到带货商品抄袭，再到supreme x GUZI联名的挂脖小风扇“山寨门”。同年，带货一哥李佳琦所在的美腕（上海）网络科技有限公司，被上海市长宁区市场监督管理局做出行政处罚，罚款人民币30万元。

最近，又有多名主播涉嫌刷数据、偷漏税被处罚，直播带货领域的大小主播“翻车”不断，风险不断。作为一个新主播，学会怎么防范法律风险至关重要。所以首先要了解直播带货中一般会涉及的法律问题。

一、直播带货仅仅是销售行为吗

《网络直播营销管理办法（试行）》规定，直播营销平台是指在网络直播营销中提供直播服务的各类平台，包括互联网直播服务平台、互联网音视频服务平台、电子商务平台等。直播间运营者是指在直播营销平台上注册账号或者通过自建网站等其他网络服务，开设直播间从事网络直播营销活动的个人、法人和其他组织。直播营销人员是指在网络直播营销中直接向社会公众开展营销的个人。直播营销人员服务机构是指为直播营销人员从事网络直播营销活动提供策划、运营、经纪、培训等的专门机构。

从事网络直播营销活动，属于《中华人民共和国电子商务法》规定的“电子商务平台经营者”或“平台内经营者”定义的市场主体，应当依法履行相应的责任和义务。同时明确了直播间运营者、直播营销人员发布的直播内容构成商业广告的，应当履行广告发布者、广告经营者或者广告代言人的责任和义务。

可见直播带货行为首先是销售行为，在特定情况下也会构成广告发布或者广告代言行为。

二、直播中的主播是什么身份呢

直播带货行为本质是对商品、服务进行营销，吸引消费者进行购买的一种商业活动行为，因此直播带货的主播具有销售人员的性质，但又与传统的销售人员大不相同。

主播直播带货行为包括为直播带货本身所涉及的营销行为和

基于电商平台所完成的商品销售行为。在不同的直播带货模式及直播的不同环节中，主播具备不同的法律身份，其面临的法律风险与承担的法律责任有很大不同。在直播带货的过程中，带货主播大多存在以下法律身份。

（一）商品经营者或者广告主

《广告法》第二条规定，广告主是指为推销商品或者服务，自行或者委托他人设计、制作、发布广告的自然人、法人或者其他组织。除为相关品牌方推销商品或服务之外，部分主播也拥有自营网店，网店名称往往也与该主播姓名或昵称相关联，也存在主播在直播中引导消费者与自营网店进行交易的情况。在此情况下，主播很有可能直接被认定为“广告主”。

如主播销售的商品属于主播带货至自营网店，通过自营网店实际与消费者发生交易关系，其很有可能兼具销售者与经营者的身份，那么主播则是产品质量的直接责任人。根据《消费者权益保护法》的相关规定，主播应对其提供的商品或服务承担较高的法律责任。

（二）广告发布者、广告经营者

在直播营销环节，直播内容通常情况下构成商业广告，主播应按照《广告法》的规定，承担广告发布者、广告经营者或广告代言人的责任和义务。

在宣传推广类直播中，商家为广告主，主播通过直播进行商品宣传和推销，若直播的内容属于主播自行设计宣传内容，则主播可能被认定为“广告发布者”或“广告经营者”。

（三）可能构成广告代言人

根据《广告法》第二条，广告代言人是指广告主以外的，在广告中以自己的名义或者形象对商品、服务做推荐、证明的自然人、法人或者其他组织。实践中，如果个人或团体具有一定的知名度，并以展示自身试用效果等作为推销手段为商品或服务进行广告宣传，即使其并未对外宣称其为品牌的广告代言人，该主体仍可能被认定为广告代言人。

在直播带货模式中，尤其是网红直播的带货模式中，各种主播或许在直播中并未明示、官宣自己即推销商品的品牌代言人，但通常会以亲身试用、介绍效果的方式推销商品。从法律规定和实质层面来看，符合我国《广告法》对于“广告代言人”的规定，应当属于“广告代言人”。

（四）主播的其他身份

在直播带货的过程中，部分商家通过招聘主播的形式推销其生产的商品，此类主播系销售者或销售者的员工，其对产品的介绍、推销应当属于商家的销售范围，此种情形下，主播承担的法律责任相对较小。

三、禁止使用的广告语

1.与“最”有关。

最、最佳、最具、最爱、最赚、最优、最优秀、最好、最大、最大程度、最高、最高级、最高档、最奢侈、最低、最低级、最低价、最便宜、时尚最低价、最流行、最受欢迎、最时尚、最聚拢、最符合、最舒适、最先、最先进、最先进科学、最先进加工工艺、最先享受、最后、最后一波、最新、最新科技、最新科学。

2. 与“一”有关。

中国第一、全网第一、销量第一、排名第一、唯一、第一品牌、NO.1、TOP.1、独一无二、全国第一、一流、一天、仅此一次（一款）、最后一波、全国 × 大品牌之一。

3. 与“级/极”有关。

国家级（相关单位颁发的除外）、国家级产品、全球级、宇宙级、世界级、顶级（顶尖/尖端）、顶级工艺、顶级享受、极品、极佳（绝佳/绝对）、终极、极致。

4.与“首/家/国”有关。

首个、首选、独家、独家配方、全国首发、首款、全国销量冠军、国家级产品、国家（国家免检）、国家领导人、填补国内空白。

四、相关法律法规

1.《中华人民共和国广告法》。

第二条　在中华人民共和国境内，商品经营者或者服务提供者通过一定媒介和形式直接或者间接地介绍自己所推销的商品或者服务的商业广告活动，适用本法。

第三条　广告应当真实、合法，以健康的表现形式表达广告内容，符合社会主义精神文明建设和弘扬中华民族优秀传统文化的要求。

第四条　广告不得含有虚假或者引人误解的内容，不得欺骗、误导消费者。

广告主应当对广告内容的真实性负责。

第九条　广告不得有下列情形：

（1）使用或者变相使用中华人民共和国的国旗、国歌、国徽，军旗、军歌、军徽；

（2）使用或者变相使用国家机关、国家机关工作人员的名义或者形象；

（3）使用“国家级”“最高级”“最佳”等用语；

（4）损害国家的尊严或者利益，泄露国家秘密；

（5）妨碍社会安定，损害社会公共利益；

（6）危害人身、财产安全，泄露个人隐私；

（7）妨碍社会公共秩序或者违背社会良好风尚；

（8）含有淫秽、色情、赌博、迷信、恐怖、暴力的内容；

（9）含有民族、种族、宗教、性别歧视的内容；

（10）妨碍环境、自然资源或者文化遗产保护；

（11）法律、行政法规规定禁止的其他情形。

第五十六条　违反本法规定，发布虚假广告，欺骗、误导消费者，使购买商品或者接受服务的消费者的合法权益受到损害的，由广告主依法承担民事责任。广告经营者、广告发布者不能提供广告主的真实名称、地址和有效联系方式的，消费者可以要求广告经营者、广告发布者先行赔偿。

关系消费者生命健康的商品或者服务的虚假广告，造成消费者损害的，其广告经营者、广告发布者、广告代言人应当与广告主承担连带责任。

前款规定以外的商品或者服务的虚假广告，造成消费者损害的，其广告经营者、广告发布者、广告代言人，明知或者应知广告虚假仍设计、制作、代理、发布或者作推荐、证明的，应当与广告主承担连带责任。

2.《中华人民共和国电子商务法》。

第九条　本法所称电子商务经营者，是指通过互联网等信息网络从事销售商品或者提供服务的经营活动的自然人、法人和非法人组织，包括电子商务平台经营者、平台内经营者以及通过自建网站、其他网络服务销售商品或者提供服务的电子商务经营者。

本法所称电子商务平台经营者，是指在电子商务中为交易双方或者多方提供网络经营场所、交易撮合、信息发布等服务，供交易双方或者多方独立开展交易活动的法人或者非法人组织。

本法所称平台内经营者，是指通过电子商务平台销售商品或者提供服务的电子商务经营者。

第八十三条　电子商务平台经营者违反本法第三十八条规定，对平台内经营者侵害消费者合法权益行为未采取必要措施，或者对平台内经营者未尽到资质资格审核义务，或者对消费者未尽到安全保障义务的，由市场监督管理部门责令限期改正，可以处五万元以上五十万元以下的罚款；情节严重的，责令停业整顿，并处五十万元以上二百万元以下的罚款。

3.《互联网广告管理暂行办法》。

第十一条　为广告主或者广告经营者推送或者展示互联网广告，并能够核对广告内容、决定广告发布的自然人、法人或者其他组织，是互联网广告的发布者。

第十七条　未参与互联网广告经营活动，仅为互联网广告提供信息服务的互联网信息服务提供者，对其明知或者应知利用其信息服务发布违法广告的，应当予以制止。

4.《中华人民共和国反不正当竞争法》。

第八条　经营者不得对其商品的性能、功能、质量、销售状况、用户评价、曾获荣誉等作虚假或者引人误解的商业宣传，欺骗、误导消费者。

经营者不得通过组织虚假交易等方式，帮助其他经营者进行虚假或者引人误解的商业宣传。

第十一条　经营者不得编造、传播虚假信息或者误导性信息，损害竞争对手的商业信誉、商品声誉。

5.《网络直播营销管理办法（试行）》。

第二十八条　违反本办法，给他人造成损害的，依法承担民事责任；构成犯罪的，依法追究刑事责任；尚不构成犯罪的，由网信等有关主管部门依据各自职责依照有关法律法规予以处理。

第二十九条　有关部门对严重违反法律法规的直播营销市场主体名单实施信息共享，依法开展联合惩戒。

附　　录

附录1　网络直播营销管理办法（试行）

第一章　总　　则

第一条　为加强网络直播营销管理，维护国家安全和公共利益，保护公民、法人和其他组织的合法权益，促进网络直播营销健康有序发展，根据《中华人民共和国网络安全法》《中华人民共和国电子商务法》《中华人民共和国广告法》《中华人民共和国反不正当竞争法》《网络信息内容生态治理规定》等法律、行政法规和国家有关规定，制定本办法。

第二条　在中华人民共和国境内，通过互联网站、应用程序、小程序等，以视频直播、音频直播、图文直播或多种直播相结合等形式开展营销的商业活动，适用本办法。

本办法所称直播营销平台，是指在网络直播营销中提供直播服务的各类平台，包括互联网直播服务平台、互联网音视频服务平台、电子商务平台等。

本办法所称直播间运营者，是指在直播营销平台上注册账号或者通过自建网站等其他网络服务，开设直播间从事网络直播营销活动的个人、法人和其他组织。

本办法所称直播营销人员，是指在网络直播营销中直接向社会公众开展营销的个人。

本办法所称直播营销人员服务机构，是指为直播营销人员从事网络直播营销活动提供策划、运营、经纪、培训等的专门机构。

从事网络直播营销活动，属于《中华人民共和国电子商务法》规定的“电子商务平台经营者”或“平台内经营者”定义的市场主体，应当依法履行相应的责任和义务。

第三条 从事网络直播营销活动，应当遵守法律法规，遵循公序良俗，遵守商业道德，坚持正确导向，弘扬社会主义核心价值观，营造良好网络生态。

第四条 国家网信部门和国务院公安、商务、文化和旅游、税务、市场监督管理、广播电视等有关主管部门建立健全线索移交、信息共享、会商研判、教育培训等工作机制，依据各自职责做好网络直播营销相关监督管理工作。

县级以上地方人民政府有关主管部门依据各自职责做好本行政区域内网络直播营销相关监督管理工作。

第二章 直播营销平台

第五条 直播营销平台应当依法依规履行备案手续，并按照有关规定开展安全评估。

从事网络直播营销活动，依法需要取得相关行政许可的，应当依法取得行政许可。

第六条 直播营销平台应当建立健全账号及直播营销功能注册注销、信息安全管理、营销行为规范、未成年人保护、消费者权益保护、个人信息保护、网络和数据安全管理等机制、措施。

直播营销平台应当配备与服务规模相适应的直播内容管理专业人员，具备维护互联网直播内容安全的技术能力，技术方案应符合国家相关标准。

第七条 直播营销平台应当依据相关法律法规和国家有关规定，制定并公开网络直播营销管理规则、平台公约。

直播营销平台应当与直播营销人员服务机构、直播间运营者签订协议，要求其规范直播营销人员招募、培训、管理流程，履行对直播营销内容、商品和服务的真实性、合法性审核义务。

直播营销平台应当制定直播营销商品和服务负面目录，列明法律法规规定的禁止生产销售、禁止网络交易、禁止商业推销宣传以及不适宜以直播形式营销的商品和服务类别。

第八条 直播营销平台应当对直播间运营者、直播营销人员进行基于身份证件信息、统一社会信用代码等真实身份信息认证，并依法依规向税务机关报送身份信息和其他涉税信息。直播营销平台应当采取必要措施保障处理的个人信息安全。

直播营销平台应当建立直播营销人员真实身份动态核验机制，在直播前核验所有直播营销人员身份信息，对与真实身份信息不符或按照国家有关规定不得从事网络直播发布的，不得为其提供直播发布服务。

第九条　直播营销平台应当加强网络直播营销信息内容管理，开展信息发布审核和实时巡查，发现违法和不良信息，应当立即采取处置措施，保存有关记录，并向有关主管部门报告。

直播营销平台应当加强直播间内链接、二维码等跳转服务的信息安全管理，防范信息安全风险。

第十条　直播营销平台应当建立健全风险识别模型，对涉嫌违法违规的高风险营销行为采取弹窗提示、违规警示、限制流量、暂停直播等措施。直播营销平台应当以显著方式警示用户平台外私下交易等行为的风险。

第十一条　直播营销平台提供付费导流等服务，对网络直播营销进行宣传、推广，构成商业广告的，应当履行广告发布者或者广告经营者的责任和义务。

直播营销平台不得为直播间运营者、直播营销人员虚假或者引人误解的商业宣传提供帮助、便利条件。

第十二条　直播营销平台应当建立健全未成年人保护机制，注重保护未成年人身心健康。网络直播营销中包含可能影响未成年人身心健康内容的，直播营销平台应当在信息展示前以显著方式作出提示。

第十三条　直播营销平台应当加强新技术新应用新功能上线和使用管理，对利用人工智能、数字视觉、虚拟现实、语音合成等技术展示的虚拟形象从事网络直播营销的，应当按照有关规定进行安全评估，并以显著方式予以标识。

第十四条　直播营销平台应当根据直播间运营者账号合规情

况、关注和访问量、交易量和金额及其他指标维度，建立分级管理制度，根据级别确定服务范围及功能，对重点直播间运营者采取安排专人实时巡查、延长直播内容保存时间等措施。

直播营销平台应当对违反法律法规和服务协议的直播间运营者账号，视情采取警示提醒、限制功能、暂停发布、注销账号、禁止重新注册等处置措施，保存记录并向有关主管部门报告。

直播营销平台应当建立黑名单制度，将严重违法违规的直播营销人员及因违法失德造成恶劣社会影响的人员列入黑名单，并向有关主管部门报告。

第十五条　直播营销平台应当建立健全投诉、举报机制，明确处理流程和反馈期限，及时处理公众对于违法违规信息内容、营销行为投诉举报。

消费者通过直播间内链接、二维码等方式跳转到其他平台购买商品或者接受服务，发生争议时，相关直播营销平台应当积极协助消费者维护合法权益，提供必要的证据等支持。

第十六条　直播营销平台应当提示直播间运营者依法办理市场主体登记或税务登记，如实申报收入，依法履行纳税义务，并依法享受税收优惠。直播营销平台及直播营销人员服务机构应当依法履行代扣代缴义务。

第三章　直播间运营者和直播营销人员

第十七条　直播营销人员或者直播间运营者为自然人的，应当年满十六周岁；十六周岁以上的未成年人申请成为直播营销人员或者直播间运营者的，应当经监护人同意。

第十八条　直播间运营者、直播营销人员从事网络直播营销活动，应当遵守法律法规和国家有关规定，遵循社会公序良俗，真实、准确、全面地发布商品或服务信息，不得有下列行为：

（一）违反《网络信息内容生态治理规定》第六条、第七条规定的；

（二）发布虚假或者引人误解的信息，欺骗、误导用户；

（三）营销假冒伪劣、侵犯知识产权或不符合保障人身、财产安全要求的商品；

（四）虚构或者篡改交易、关注度、浏览量、点赞量等数据流量造假；

（五）知道或应当知道他人存在违法违规或高风险行为，仍为其推广、引流；

（六）骚扰、诋毁、谩骂及恐吓他人，侵害他人合法权益；

（七）传销、诈骗、赌博、贩卖违禁品及管制物品等；

（八）其他违反国家法律法规和有关规定的行为。

第十九条　直播间运营者、直播营销人员发布的直播内容构成商业广告的，应当履行广告发布者、广告经营者或者广告代言人的责任和义务。

第二十条　直播营销人员不得在涉及国家安全、公共安全、影响他人及社会正常生产生活秩序的场所从事网络直播营销活动。

直播间运营者、直播营销人员应当加强直播间管理，在下列重点环节的设置应当符合法律法规和国家有关规定，不得含有违法和不良信息，不得以暗示等方式误导用户：

（一）直播间运营者账号名称、头像、简介；

（二）直播间标题、封面；

（三）直播间布景、道具、商品展示；

（四）直播营销人员着装、形象；

（五）其他易引起用户关注的重点环节。

第二十一条　直播间运营者、直播营销人员应当依据平台服务协议做好语音和视频连线、评论、弹幕等互动内容的实时管理，不得以删除、屏蔽相关不利评价等方式欺骗、误导用户。

第二十二条 直播间运营者应当对商品和服务供应商的身份、地址、联系方式、行政许可、信用情况等信息进行核验，并留存相关记录备查。

第二十三条　直播间运营者、直播营销人员应当依法依规履行消费者权益保护责任和义务，不得故意拖延或者无正当理由拒绝消费者提出的合法合理要求。

第二十四条　直播间运营者、直播营销人员与直播营销人员服务机构合作开展商业合作的，应当与直播营销人员服务机构签订书面协议，明确信息安全管理、商品质量审核、消费者权益保护等义务并督促履行。

第二十五条　直播间运营者、直播营销人员使用其他人肖像作为虚拟形象从事网络直播营销活动的，应当征得肖像权人同意，不得利用信息技术手段伪造等方式侵害他人的肖像权。对自然人声音的保护，参照适用前述规定。

第四章　监督管理和法律责任

第二十六条　有关部门根据需要对直播营销平台履行主体责任情况开展监督检查，对存在问题的平台开展专项检查。

直播营销平台对有关部门依法实施的监督检查，应当予以配合，不得拒绝、阻挠。直播营销平台应当为有关部门依法调查、侦查活动提供技术支持和协助。

第二十七条　有关部门加强对行业协会商会的指导，鼓励建立完善行业标准，开展法律法规宣传，推动行业自律。

第二十八条　违反本办法，给他人造成损害的，依法承担民事责任；构成犯罪的，依法追究刑事责任；尚不构成犯罪的，由网信等有关主管部门依据各自职责依照有关法律法规予以处理。

第二十九条　有关部门对严重违反法律法规的直播营销市场主体名单实施信息共享，依法开展联合惩戒。

第五章　附　　则

第三十条　本办法自2021年5月25日起施行。

附录2 快手直播管理规范

一、概述

1. 为了加强对快手直播平台的管理，为广大用户提供一个内容健康向上的直播平台，给快手用户提供更好的用户体验，特制定本规范。

2. 本直播管理规范适用于快手直播平台所有直播间、所有主播。

3. 主播开始直播则表示阅读并同意《直播注册条款》《快手直播管理规范》《用户服务协议》，如有违规亦同意接受快手处罚，如触犯国家法律将承担相应法律后果。

4. 直播结束不代表平台管理结束，如被发现或被举报直播中曾有违规行为，一经证实，平台将视违规类型及程度对主播进行追溯处罚。

5. 本规范提及示例并不代表列举所有情况，仅为帮助您理解并避免违规。请不要试图寻找规范中的漏洞加以实施，请理解这些规范制定的初衷，并不要发布您认为可能处于违反规范范围的内容。

二、主播管理规范

2.1 基本守则

2.1.1 快手主播必须遵守本规范，并有义务维护积极健康的直播环境，对直播封面、直播标题、直播内容、连麦用户、麦序信息、公屏言论等使用直播服务所产生的内容负责。否则，快手平台有权依据直播事实及影响程度，对违规内容及主播作出处罚。

2.1.2　快手主播在快手平台之外应当谨言慎行，维护自身良好形象和平台声誉，如因言行不当损害快手平台声誉，影响平台正常运营，快手平台将根据本规范相关条文的规定对主播作出处罚。

2.2　违规类型

严重违规行为

2.2.1　严禁在直播中发布、传播含有下列内容的违法有害信息，包括：

（1）违反宪法确定的基本原则的；

（2）危害国家安全，泄露国家秘密，颠覆国家政权，破坏国家统一的；

（3）损害国家荣誉和利益的；

（4）煽动民族仇恨、民族歧视、破坏民族团结的；

（5）破坏国家宗教政策，宣扬邪教和封建迷信的；

（6）宣扬恐怖主义、极端主义，或煽动实施恐怖活动、极端主义活动的；

（7）散布淫秽、色情、赌博、暴力、凶杀、恐怖或教唆犯罪的；

（8）侮辱或诽谤他人，侵害他人名誉、隐私和其他合法权益，且情节严重的；

（9）含有法律、行政法规禁止的其他内容，且情节严重的。

一般违规行为

2.2.2　主播应当规范自己的直播行为，生产合法、健康的直播内容。严禁在直播中实施或传播含有以下违规内容的行为或信息，包括但不限于：

（1）禁止实施或传播违法违规行为、信息

• 破坏民族文化传统的，包括但不限于煽动民族仇恨、民族歧视，侵害民族风俗习惯、曲解民族历史和历史人物，伤害民族感情，破坏民族团结；

• 违反《英雄烈士保护法》相关内容的，包括但不限于歪曲、丑化、亵渎、否定英雄烈士事迹和精神；以侮辱、诽谤或者其他方式侵害英雄烈士的姓名、肖像、名誉、荣誉的；

• 展示、销售违禁物品及管制器械，包括但不限于枪支弹药及部件、仿真枪支、管制刀具、军警器械、易燃易爆物；

• 展示、销售毒品或吸毒工具，或表演传播吸食方法、注射方式。（国家有关部门组织的禁毒宣传等活动除外）；

• 利用平台做色情推广，或有类似意图的行为，包括但不限于色情交友交易、色情物品售卖、相关软件工具推广等；

• 展示危险驾驶或违反交通法规的违法行为，包括但不限于驾车直播（不区分是否有直播互动）、驾车时拍摄视频或接打电话、抱孩子或宠物开车、副驾驶直播干扰司机驾驶、飙车、骑车手脱把、摩托车翘头等；

• 宣扬传播暴力，包括但不限于挑衅约架、打架斗殴、威胁恐吓、欺辱霸凌等行为，及展示涉及暴力的文字、画面、音视频内容等；

• 未成年人直播或直播中出现侵犯未成年人合法权益、危害未成年人身心健康、传递未成年人违法违规不良导向的内容或行为，包括但不限于未成年人抽烟喝酒、打架群殴，言语侮辱、体罚虐待未成年人，展示未成年人婚育内容，鼓励未成年人实施违法违规行为等；

• 展示偷猎、狩猎、贩卖、走私、加工、食用、捕杀、私自饲养保护动物或野生动物等行为；

• 展示盗采、贩卖、走私、加工、食用保护植物等行为；

• 制作、销售、贩卖保护动物及保护植物，及相关制品；

• 直播赌博或展示与涉赌相关的任何内容，包括但不限于非法赌牌、红包赌博、网络赌博网站、赌博游戏、赌博工具等；

• 侵犯他人合法权益、泄露他人隐私，包括但不限于非法限制人身自由、私闯住宅、破坏私人物品、人肉搜索，及泄露他人手机号码、家庭住址、身份信息等；

• 虚假宣传或销售假冒伪劣产品，包括但不限于使用极限用语、绝对化用语（国家级、最高级、国家品牌等）进行夸张宣传，销售山寨、高仿、带有伪造商标、以次充好的商品，诱导欺骗消费者等；

• 展示非法医疗信息及含有较高风险的产品和服务，包括但不限于减肥类、美容整形类、药品类、保健品类、成人用品类等；

• 国家明令禁止的其他行为，包括但不限于挖宝、盗墓、扰乱交通秩序、组建非法组织、损坏人民币、实施诈骗等违法行为。

（2）禁止实施或传播其他不良行为、信息；

• 直播中抽烟、喝酒；

• 传播淫秽色情及低俗不良信息，包括但不限于展示、模仿性行为或带有性暗示的挑逗行为，展示涉性物品、大尺度图片、漏点艺术品，利用封面标题等形式展示不雅信息、博取关注等；

• 直播危害自身或他人生命安全的行为，或展示由危险行为产生的后果，包括但不限于自杀自残、割腕烧炭、跳楼跳河、自杀游戏、展示伤口伤痕等；

• 展示危险行为或危险游戏、挑战，在无专业安全措施的情况下从事高风险活动，包括但不限于吃玻璃、胸口碎大石、窒息游戏、憋气挑战、野外跳水等；

• 传递不良价值观、宣扬挑战伦理道德的内容，包括展示不良生活方式与不伦关系、渲染颓废消极情绪与不健康观念、崇尚炫富拜金主义等；

• 从事低俗、庸俗、媚俗活动，包括但不限于涉三俗表演、PK、不良段子、低俗游戏，及在严肃公开场合做不恰当举动等；

• 从事不符合公序良俗的内容，包括但不限于破坏民俗民风、从事迷信活动、直播丧葬仪式、对逝者不敬等；

• 展示成人娱乐场所、易暴露隐私的公共私密场所，包括但不限于夜总会、公厕、洗浴中心、大众浴池，或直播过程中涉及成人用品及其仿制品相关的内容；

• 展示易引起他人心理或生理反感、不适的行为或画面，包括但不限于恐怖惊悚、血腥残忍、密集恐惧、异常饮食，或虐待宰杀动物、展示尸体残肢伤口等；

• 传播不健康的影视综或音乐作品，包括但不限于各地的低俗、庸俗、媚俗作品及违禁作品；包含其中的血腥暴力、惊悚恐怖、不良画面等；

• 恶意博眼球、蹭热点、吸引关注，包括但不限于通过猎奇、怪异、夸张或其他方式进行恶搞、炒作、揭秘等；

• 推荐或指导购买彩票、股票、理财产品，或引导参与抽奖夺宝等无法保证真实安全的活动，包括但不限于彩票预测、个股推荐、理财指导、证券咨询，或其他可能造成财产风险的内容；

• 其他违反社区规定、破坏直播环境的有害及不良行为。

2.2.3　主播在直播中应当着装整洁、规范，穿着得体，严禁主播在直播中展示涉及以下不当着装的行为，包括但不限于：

• 男性赤裸上身，或穿着过度突出身体敏感部位的服饰；

• 女性过于暴露，包括但不限于刻意裸露乳沟、暴露大面积胸部皮肤或其他身体敏感部位等；

• 穿着带有性暗示的衣物，包括但不限于情趣制服、情趣内衣、暴露装、透视装、肉色紧身衣、内衣外穿、渔网袜、吊带袜、三角状短裤、低腰超短裤、有性暗示文字或图片的服装等；

• 展示真空、凸点、透点的不当着装行为；

• 展示、裸露大面积文身；

• 过度奇装异服，用怪异着装博取关注；

• 利用服装反串进行炒作，包括但不限于男性非正常穿着女性的内衣裤、丝袜或仅穿肚兜等；

• 展示未成年人的不适当着装，包括但不限于刻意拍摄儿童敏感部位（胸部、臀部、生殖器等）、不同程度暴露儿童身体、穿开裆裤露体、给儿童穿不雅服饰恶搞等；

• 穿着中华人民共和国国家机关及军队制服（如警服、军服、市场监管制服、法院制服、检察院制服、城管制服、路政制服等）进行直播，或者穿着其他国家及地区机关、军队制服进行直播；（如有特殊需要的，须向平台进行活动报备）；

• 非正式场合穿着有特殊意义的服饰进行直播，包括但不限于非正常佩戴红领巾等，或利用服饰所代表的身份进行恶意炒作、造成不良影响的。

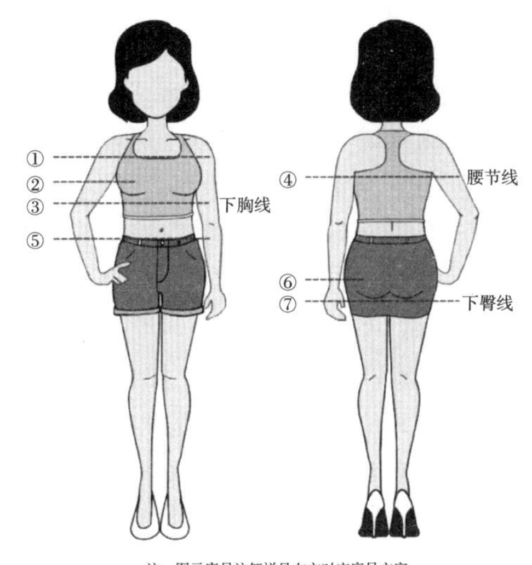

女主播直播着装示例

2.2.4　主播在直播中应当行为举止得体，严禁主播在直播中实施或传播含有以下内容的行为举止，包括但不限于：

• 展示涉及色情、低俗的行为，包括但不限于脱衣舞、湿身舞、抚摸身体敏感部位、模仿性行为及动作等；

• 展示带有性暗示、性挑逗的动作及不良模仿行为，包括但不限于舔食特殊形状物品、展示贴身内衣裤、抖胸、抖臀、诱惑性扭动身体、舔嘴唇、舔手指等易引人产生性幻想的动作等；

• 刻意拍摄或将画面聚焦于人体敏感部位、通过特殊角度进行暗示性拍摄；

• 刻意走光炒作、从事易走光行为等。建议主播主动避免可能引起走光的动作，如高抬腿、分腿坐、低胸弯腰、穿较短衣裙做大幅度动作等；

• 直播中直接展示喂母乳的行为；

• 刻意营造惊悚、冲突、审丑效果，包括但不限于恶作剧惊吓他人、挑起冲突展示矛盾、丑化自己或他人等；

• 利用PK、连麦等功能进行低俗玩法、不当惩罚，或从事不良行为，包括但不限于展示危险行为动作、食用非正常食物、混合物涂抹身体、玩弄身体或展示贴身衣物（挤捏皮肤、弹肩带、露内裤等）、刻意裸露、模仿涉性动作等。

2.2.5　主播在直播中语言表达应当得体，严禁主播在直播中传播含有以下内容的不当言论，包括但不限于：

• 直播中讨论政治敏感话题，或借政治话题进行炒作、调侃、煽动、不良传播等；

• 发表低俗不当言论，包括但不限于谈论两性话题、讨论不良段子、言语骚扰、刻意展示诱惑性声音等；

• 发表不实言论，包括但不限于发表易引起误导、恐慌的内容，传播自己或他人的不实信息，诽谤、骚扰他人等；

• 传播语言暴力，包括但不限于不文明用语、人身攻击、威胁恐吓、诋毁谩骂等；

• 发表易挑起冲突、引战言论，包括但不限于煽动种族冲突、地域矛盾，拜高踩低、挑起争端、约架、下战书等；

• 发布妨碍平台正常秩序或干扰平台用户的不当言论，包括但不限于诱导用户消费、散布夸张信息、煽动粉丝情绪、强迫互粉等；

• 利用方言或非日常使用的语言从事违规行为、传播不当内容。平台提倡并鼓励在直播中使用普通话，以便于交流，方便更多用户参与直播互动。

2.2.6　主播在直播中应遵守快手平台管理规范，严禁主播在直播中出现扰乱平台管理秩序的行为，包括但不限于：

• 宣传、推广、导流到其他平台的行为，包括但不限于鼓动用户使用其他工具、宣传其他平台活动、多平台直播等；

• 直播、转播、展示未获授权的版权内容，未获许可转播他人作品，包括但不限于转播受版权保护的影视剧综节目、转播盗播他人内容等；

• 不使用平台交易功能、引导消费者进行站外交易，包括但不限于以口播、摆放等形式露出微信号手机号等联系方式，或引导消费者通过个人主页获取联系方式引导至站外交易等。在本平台内进行商品、服务交易等请务必使用小黄车；

• 引导进行电商交易，但无主播出镜，或主播行为与电商主题及商品无实质关系的行为，包括但不限于：无主播出镜，仅展示一张纸、广告信息或某实物；主播在直播中睡觉、或进行其他与电商主题无关的行为；

• 直播中出现非官方渠道的抽奖行为，包括但不限于截屏抽奖、从粉丝关注列表或订单列表抽送奖品、口播加粉丝团进行抽奖，或引导到站外平台进行抽奖等。如有抽奖活动需求，请使用官方抽奖工具；

• 冒充官方或未经许可假借官方名义发布不实信息、从事违规行为活动、歪曲官方信息、曲解平台规则、误导其他用户等；

• 以任何形式抹黑、诋毁、损害平台声誉，在平台内或其他渠道发布与本平台相关的不实、恶意信息；

• 侵害平台及其他用户的合法权益、妨碍平台正常运营、破坏平台服务公平性的行为，包括但不限于刷粉刷赞、数据造假、行为作弊、使用外挂及作弊软件等；

• 发布不良广告、提供有风险金融服务、恶意诱导风险性消费行为，包括但不限于炒作加群送福利、诱导高额送礼、煽动募捐、以打赏送红包等方式诱导加群加好友等；

• 其他违反平台规定的行为，包括但不限于代开直播、借号直播、买卖账号、替他人宣传高危商品、泄露平台商业秘密等。

直播引导站外交易示例

三、违规行为的分类和处罚说明

直播违规行为分为严重违规行为和一般违规行为，并根据实际违规情况的严重程度，作出不同等级的处罚。

3.1　违规类型

3.1.1　严重违规行为：违反本管理规范2.2.1相关条款，认定为严重违规；

3.1.2　一般违规行为：违反本管理规定2.2.2~2.2.6相关条款，认定为一般违规。

3.2　违规处罚

3.2.1　严重违规：平台有权进行立即停止直播、收回直播权限、冻结直播收益、封停账号等处罚，对涉嫌违法犯罪的，平台将向有关主管部门报告或向司法机关移交违法犯罪线索；

3.2.2　一般违规：平台将根据违规严重程度及违规次数，对违规直播进行警告、中断直播、限制直播功能、限制提现等处罚。受到多次违规处罚或违规行为产生严重影响的，快手平台有权根据实际情况提升处罚等级。

四、其他

4.1　本规范由快手平台发布，快手有权根据法律法规、相关政策要求，及平台发展运营需要对本规范进行修改及公示。

4.2　本规范自发布之日起生效，此后如有修改，自修改公示之日起生效。

附录3　抖音直播行为规范

为加强直播内容的管理，抖音及抖音火山版（以下合称“平台”，分别指代时称“各平台”或“抖音”“抖音火山版”）运营者北京微播视界科技有限公司（以下简称“公司”）特制定《直播行为规范》（以下简称“《规范》”）对主播在直播中的行为进行规范，给平台用户提供一个绿色、健康、文明、积极向上的直播及互动环境。主播开展直播活动除应遵守相关法律法规、部门规章制度的规定以及《“抖音”用户服务协议》《“抖音火山版”用户服务协议》《直播主播入驻协议》的约定外，还应当遵守《规范》及平台已发布及未来不时发布的其他相关规则，本《规范》为《直播主播签约协议》的有效组成部分。

一、总则

主播开展直播活动必须遵守《规范》，如主播发生违规行为，平台有权视情节严重程度，根据本《规范》列明的违规行为及其相应违规等级对主播实施相应的处罚。若主播使用了平台的账号升级服务、同一账号可同时在抖音、抖音火山版开播的，则公司基于主播在其中任一平台的违规行为所实施的处罚均将同时在另一平台生效。

二、规范要求以及相应处罚

平台依据主播违规行为严重程度，将其违规行为划分为三个等级，并对应三个级别的处罚措施：

一级（严重违规）：

1.反对宪法所规定的基本原则的；

2.危害国家安全，泄露国家秘密，颠覆国家政权，破坏国家统一的、出现涉军事秘密和军警制服类信息，或穿着国家公职人员制服直播的；

3. 损害国家荣誉和利益的，或调侃革命英烈、革命历史；

4. 煽动民族仇恨、民族歧视，破坏民族团结的；

5. 破坏国家宗教政策，宣扬邪教和封建迷信的；

6. 散布谣言，扰乱社会秩序，破坏社会稳定的、妄议国家大政方针、炒作社会敏感话题的；

7. 散布淫秽、色情、赌博、暴力、凶杀、恐怖或教唆犯罪的，包括但不限于：

（1）血腥暴力内容，虐待小动物等，捕杀国家保护动物；

（2）与赌博或涉嫌赌博有关的任何活动，以及宣传赌博网站；

（3）危害自己或他人安全，包括：血腥自虐、自残、自杀、殴打他人、威胁他人生命安全；

（4）展示管制刀具、枪支（包括仿真枪）、毒品等违禁物品，表演或介绍吸毒过程、违禁物品制作过程与方法。

8. 侮辱或诽谤他人，侵害他人合法权益的；

9. 含有法律、行政法规禁止的其他内容的、组织、宣传、诱导用户加入传销（或有传销嫌疑）机构的；

10. 未成年人直播、冒充官方、非本人实名认证开播。

对于发生一级违规的主播，平台将永久封禁主播账号或永久封禁开播，并保存相关违法违规资料。

二级（中等违规）：

1. 直播内容带有性暗示、性挑逗、低俗趣味的行为，包括但不限于：

（1）刻意抖胸、挤胸、抚摸敏感部位、下蹲抚摸大腿、模仿性交姿势等低俗诱惑动作；

（2）展示或使用类似性器官物体进行低俗互动；

（3）涉及敏感部位的低俗游戏类游戏，如隔空取罩、高山流水、背人上楼等；

（4）口述色情行为、模拟色情声音、传播低俗段子；

（5）镜头长时间聚焦敏感部位；

（6）演唱、播放带有色情、性暗示的音乐及伴奏。

2.直播内容荒诞惊悚、影响社会和谐，包括但不限于：

（1）制造、传播鬼怪等灵异猎奇行为，如开棺、盗墓、墓地探险等；

（2）生吃活物、腐肉、吞异物等惊悚表演；

（3）直播斗殴等影响社会和谐的内容。

3.直播中公开募捐，或直播私下慈善行为；

4.展示千术、赌术；

5.展示行医行为、销售药品等任何关于医疗的直播；

6.直播未经授权的、未备案或含有低俗暴力内容的影视剧、电视节目、电台节目、游戏；

7.直播宣扬伪科学、违反公序良俗的内容；

8.直播中进行侵害或涉嫌侵害他人合法权益的行为，包括但不限于：

（1）泄露他人隐私或个人资料，传播给他人造成损害的不实报道；

（2）讨论他人是非或鼓动用户讨论他人是非、挑起事端；

（3）诋毁、谩骂他人等攻击性行为。

对于发生二级违规的主播，平台将根据违规情节给予警告、断流或封禁开播权限（1天到永久不等）等处罚。

三级（一般违规）：

1.着装暴露低俗、妆容不雅、语言低俗包括但不限于：

（1）男性赤裸上身直播；

（2）女性胸部、背部、大腿裸露过多，或穿着诱惑性制服、透视装、不雅服饰等，或裹浴巾直播；

（3）衣衫不整、裸露内衣裤、内衣肩带等；

（4）在身体各部位画低俗图像、写低俗色情文字，大面积裸露纹身。

2.在直播中进行开车、抽烟、喝酒等危害生命健康的行为；

3. 恶意发布广告，展示联系方式或以任何形式导流用户私下交易；

4. 直播攀岩、跳伞、口吞宝剑等危险行为；

5. 直播间图片、文字、昵称、头像、背景等含有违规内容，包括但不限于：

（1）低俗色情、血腥暴力内容

（2）侵犯版权、广告等其他违规内容

6. 投资类直播，如讲解或引导投资房地产、股票、基金等；

7. 直播中存在长期静态挂机、播放个人或他人直播视频回放等行为。

对于发生三级违规的主播，平台将根据违规情节给予警告、断流或封禁开播权限（1~7 天不等）等处罚。

三、附则

1. 除非《规范》另有约定，《规范》中用语与《直播主播签约协议》具有相同含义。

2. 用户同意，在具体违规行为对应的处罚区间内，平台有权视违规具体情形及平台管理需要确定具体处罚结果；如用户二次（含二次）以上违规的，构成加重处罚情形，平台有权提高违规级别、按照更高级违规处罚方式进行处罚。

3. 平台有权在必要时单方修改《规范》内容，相关内容变更后，如果主播继续开展直播行为，即视为主播已接受修改后的相关内容。如果主播不接受修改后的相关内容，应当停止直播行为。

附录4　农民直播销售员的示范账号

（所有账号粉丝数量统计截至2022年4月18日）

1. 乡　愁。

平台：抖音 ID：SJ15105037822　原名：沈丹　粉丝数：2000.8万

家乡风物，饱含每个人的乡愁。沈丹以乡村生活切入短视频领域。三四年的时间，粉丝突破两千万，带动家乡旅游和农特产品销售，成了武夷山的乡村守护人，让乡人不再乡愁。

碎花衬衣、鹅蛋脸、唇红齿白在乡间……乡愁沈丹火了，镜头之下，她一丝不苟地完成手中的活，或在锅台灶前熟练地张罗饭菜，或在乡间小路上悠闲地骑车、遛狗，或在田间地头热火朝天地务农，抑或在开阔的后院里默默晾晒着农副产品……武夷山的一切构成了她作品中一道道亮丽的风景线。但相比于李子柒的唯美画景，沈丹的视频更体现在人间烟火气上，不做作地干农活，熟练地制作手工美食，显得更加接地气。如今，沈丹成立了“丹心可鉴”茶叶品牌，正在带领着武夷山的茶农在乡村振兴和共同富裕的大道上奋步疾行。

2. 张同学 .。

平台：抖音　ID：61955906512　原名：张凯　粉丝数：1841.8万

2021年年末，一位网名叫作“张同学”的网红异军突起，短短两个多月的时间，就涨粉超过一千万，连续多天登上热搜榜，最火的时候同时有五六个话题在热搜上，甚至“张同学为什么这么火”“张同学视频的细节有多牛”也衍生成为大家研究的内容，可谓是红透了整个网络。

那么为什么张同学这么火呢？主要是三点，一是真实，比如挂历、水瓢和水缸，比如温碧霞的贴画，每一个细节都能引起回忆，幼时生活的场景历历在目。二是高超的拍摄技巧和充满想象力的BGM，每条视频都有几百个镜头。三是农村题材受到了抖音平台的大力支持。

3. 川味盐太婆。

平台：抖音　ID：yantaipo8888　粉丝数：1055万

这可能是抖音上最火的一对老夫妻了，一百多个视频，一千多万粉丝，几乎每个视频都有几十万的点赞。

具有川北特色老屋里的土灶台是视频中最常见的场景。老两口的厨房一直是轻松快活的。婆婆掌勺，爷爷打下手，一道菜从制备到出锅，需要手上默契的配合，也少不了嘴上的幽默过招。二老诙谐的对白、甜蜜的陪伴以及一道道呈现在眼前的充满着回忆色彩的乡村美食，不由得让人想起陪伴自己成长的长辈和淡淡的乡愁。

4. 麦小登。

平台：抖音　ID：maixiaodeng　原名：王晓楠　粉丝数：900.8万

2021年5月20号，麦小登官宣爱情登上了热搜，和父亲一起生活的河南拖拉机女孩突然走入大众视野，这名以前被央视报道过的励志网红可以说是在短短不到2年的时间，位居一线网红的队伍。

麦小登被誉为“河南李子柒”。大学毕业后为了照顾病重的父亲回到老家，在陪伴之余开始做农村短视频，记录自己和父亲的日常生活。麦小登的拍摄主题主要是她和父亲的农村日常生活。秋收时节，麦小登开着拖拉机在田野里呼啸来去，庞大的拖拉机与娇小的姑娘形成了鲜明的对比，拖拉机追风女孩火遍全网。火起来的麦小登接了不少广告和品牌专场直播。广告和直播是其目前主要的变现模式。

5. 丽江石榴哥。

平台：抖音　ID：jgw521　原名：金国伟　粉丝数：733万

石榴哥，本名金国伟，云南丽江人，曾经是一名英语老师，后来辞职做生意。一次在一位外国游客询问水果价格时，金国伟很自然地与对方用英语攀谈起来。站在他身边摆摊的小兄弟将这个过程录了下来，并发布到自己的抖音平台上，那条视频一晚上播放量就超过了7 000万，点赞也有200多万，金国伟一夜之间变成了刷屏的“丽江石榴哥”。

2018年10月3号，金国伟在抖音开通名为“丽江石榴哥”的账号，发布了自己的第一条视频。“丽江石榴哥”再一次刷屏抖音。靠着自身的人气，“石榴哥”的水果生意也变得好了起来。借助直播，“石榴哥”把家乡的水果带到了全国网友的面前。

6.帅农鸟哥。

平台：抖音　ID：2178814215　原名：杨军昌　粉丝数：300万

2022年初，有一个农村账号脱颖而出，和“张同学”一时瑜亮，那就是“帅农鸟哥”，11个视频涨粉超过150万，多个视频上热门，5分钟的视频，点赞265.7万，评论11万，转发14万，收藏19.1万……

他的拍摄和张同学相比，拍摄手法、镜头剪切一样，而帅农鸟哥更加多才多艺，好像什么都会，画画、做木工活、补衣服、做美食，无所不能，因此，他的作品内容更加充实、有趣。

7.董艳颖。

平台：抖音　ID：ffssdd2010　原名：董艳颖　粉丝数：250万

董艳颖，一个大大咧咧的河南农村姑娘，通过抖音短视频和直播成了当地的大网红，在自己致富的同时也多次助农直播，帮助当地农民直播带货。

和其他农村网红不同，董艳颖的切入点是和谐家庭生活，她的短视频内容聚焦在妯娌们和公婆的相处上。一个“欠欠”的傻媳妇不时挑战公婆的“底线”，一个个爆笑的视频后表达的是融洽的婆媳关系，和谐的家庭生活。在直播带货方面，董艳颖主要的货品也不是农产品，而是聚焦在适合农村的服装服饰以及日常生活用品上。

8.陈灿平说安化黑茶。

平台：抖音　ID：5201314anhuatea　原名：陈灿平　粉丝数：70万

西南民族大学扶贫干部陈灿平博士，2017年在安化挂职副县长，负责扶贫攻坚、电子商务等工作。2018年在长沙主持建成了全国第一个县域经济离岸孵化器——安化黑茶离岸孵化中心，聚才引智，使安化黑茶线上销售额扩大到3.3亿元以上。2019年负责创建安化黑茶国家现代农业产业园，为扶贫支柱产业信息化、标准化发展插上了腾飞的翅膀。他躬身入局，开辟了信息化扶贫助农的新路径。新冠肺炎疫情爆发后，为解决农产品滞销等问题，他利用抖音平台直播带货1 500万元，帮助近千人脱贫，带动本地扶贫助农产品网络销售超过1.8亿元，引领了全国基层干部直播带货的潮流，为全国多个产茶县提供了信息化扶贫助农的“安化模式”。

9.一只苗湘蜜。

平台：抖音　ID：miaoxiangmi1　原名：石娇艳　粉丝数：50万

一只苗湘蜜，本名石娇艳，一个在湖南湘西农村养土鸡的苗族姑娘。

她个子高挑，身形苗条，面容姣好，能歌善舞，因为长得有些像杨幂，又被称为抖音小杨幂。日常视频主要分为日常养鸡生活、苗族生活习俗、苗族服饰、湘西民间生活、民族风古风发型教程等乡村生活主题。每天晚间直播，以民族风为主，主要是卖当地农村土特产、土鸡蛋、腊肉等。

10.小益学农。

平台：抖音　ID：xiaoyixuenong　粉丝数：38.6万

一个穿着时尚且性感的美少女在田间地头对着镜头教你养花种田怎么样？巨大的反差肯定会勾起你关注的兴趣吧？ 985大学的美女大学生小益毕业后返回寿光老家，一边种田一边通过视频教大家种蔬菜，带大家逛农展……扎实的专业知识、良好的形象再加上平台对农业的扶持，小益迅速积累了近四十万粉丝。

变现形式：知识变现、特色农产品售卖等。

11. 钢弹妹妹与三大娘。

平台：抖音　ID：zaibengemeis　粉丝数：25.2万

钢弹妹妹与三大娘主打“家庭搞笑”“婆媳关系”。一个时尚少妇却有“钢弹妹妹”这样强悍的名字，每日和农村婆婆勾心斗角，把农村家庭生活和“难处理”的婆媳关系通过嬉笑怒骂轻松地展现出来。既有农村的朴实，又有新农人的时尚。

变现形式主要是直播带货和广告植入。得物、心遇、觅爱、喵喵记账、转转等多个App广告都有植入。

12. 刘妈妈的日常生活。

平台：快手　ID：lm520666　别名：刘妈　粉丝数：1414万

刘妈妈是快手平台上的一个草根网红，内容以自己搞笑的日常生活为主，目前粉丝突破了1 400万。她发布的视频属于搞笑风格，能够满足用户群体的基本口味，又很接地气。例如在这个人人都在喊减肥的时代，她却偏偏相反，直播时大口吃肉大口喝酒，还不用筷子，直接用手撕，吃得不亦乐乎。

一个农村大妈，一口东北腔，一个焕然一新的农村中年妇女形象出现在大家视野中的时候，这种较大的反差迅速得到了快手用户的认可和追捧。

13. 云南小花。

平台：快手　ID：ynxh2580　原名：马玲敏　粉丝数：930万

“我希望这个世界，因为有我的存在，而变得有一点点的不同。”云南小花站在阿里巴巴“全球女性创业代表大会”的舞台上，温柔且坚定地说出了这句话。云南小花，原名马玲敏，第十三届全国青联委员，曾被央视评为扶贫电商新模式的带头人。她把直播间设在大山田野之中，在网络上真实地展示家乡农产品，帮助农户销售，每天做的事情就是通过直播帮助农民把大山里的农产品卖出去。

因为直播助农，八次上过央视，一年卖出了1200吨农产品。

小花以直播为主要变现途径，产品以偏远山区的特色水果为主。

14. 大梅小镇唯一官方号。

平台：快手　ID：DM03021788　原名：张春梅　粉丝数：320.3万

大梅小镇，原名张春梅，生活在江苏连云港。因在快手上直播赶海而走红。自从2018年接触快手以后，张春梅除了做全职妈妈、赶海之外，又多了一件新鲜事可干，那就是拍快手短视频。跟当地许多人一样，她以赶海为业，几乎每天都会拿上工具到海边转悠着碰运气。夜晚海边海风大、海水凉，张春梅嘴里不断呼出白气，忍着寒冷，徒手抓起藏匿于厚沙之下的海洋生物，蛤蜊、螃蟹、海螺、章鱼……一样一样装进她的小筐。

15. 新疆范洋。

平台：快手　ID：y600700800　原名：范洋　粉丝数：147.9万

年近四十的范洋在2015年来到新疆做农副产品供应商。一次，范洋在吐鲁番的集市进货时一时兴起，录了一条如何挑选葡萄干的搞笑视频。视频不到10秒，却意外火了。一夜之间，他涨了20万粉丝。从那以后，范洋频繁通过视频向粉丝们介绍新疆的水果和特产：他坐在瓜田里徒手劈西瓜，站在蜂箱旁啃枣花蜜，用小刀从树上割下鸡蛋大小的红枣，吃得香甜酣畅。评论区总有人说："冲你这朴实的笑容，我就想买。"

积累了一定量的粉丝后，范洋顺势做起了直播带货，从果农手中拿到一手货源，再卖给直播间的粉丝。2020年，他在快手全年销售总额超过3 000万，还被快手评为2020年度三农垂直类的"水果第一人"。

16. 浪漫侗家七仙女。

平台：快手　ID：langmannvshen　粉丝数：124万

一条视频，卖完了全村的稻香鱼，一次直播，清空了几百斤香米……一个深山里的直播间，带火了曾经荒凉的村落。2018年，一个名为"侗家七仙女"的直播团队在贵州省黔东南苗族侗族自治州黎平县盖宝村成立。三年来，她们以"七仙女"为代号，宣传民族文化，开展公益直播800多场，为家乡带货1.3亿元，被外界誉为“最火民族女团”。

侗家七仙女，由七位侗族姑娘组成，她们的视频内容从制作乌米饭、织布刺绣的生活日常，到国家级非遗文化琵琶歌；从侗族古老的民间习俗到原生态自然风光……将藏在“深闺”的盖宝侗寨带入了人们的视野。

17.江苏小苹果（陈厚武）。

平台：快手　ID：A-xiaopingguo　原名：陈厚武　粉丝数：52.6万

陈厚武是一名农业技术知识输出型主播，在快手上传播果树修剪知识。

2002年，作为农学专业的大学生，陈厚武毕业后返回家乡，在家种了几亩苹果，希望用自己的专业知识给村里带来一些改变。在种植和学习中，陈厚武形成了自己的技术体系，并渐渐有了一些名气。有了名气，他去给一些小型农场做技术指导。2018年，陈厚武在农场注意到，每到休息时间，大家都在发快手。于是他也下载了快手，开通账号，开始每天发苹果技术类的讲解视频，并且开始直播教学。

18.乐业县曹文飞。

平台：快手　ID：107882946　原名：曹文飞　粉丝数：41.4万

2021年5月，原乐业县副县长曹文飞在乐业为期两年半的扶贫工作结束了，但是乐业的乡亲和网友仍然亲切地称他“曹县长”。

为了帮助乐业果农销售滞销的砂糖橘，曹文飞在2020年1月在快手上开始直播卖货。为了更好地和粉丝互动，除了每次直播都精心准备，曹文飞还练习唱歌等才艺，以便使直播更接地气。当年3月，全县十几万斤砂糖橘一销而空。8月，曹县长又开始在快手上直播卖红心猕猴桃。数据统计显示，仅曹文飞一人直播带货，便累计为当地销售砂糖橘、沃柑、红心猕猴桃等特色农产品900多万元。

19. 水木年华缪杰。

平台：快手　ID：1401967564　粉丝数：39万

缪杰不仅仅是知名音乐人，还是快手幸福乡村的带头人。2015年他创立了公益助农组织“家乡来客”，通过快手直播，帮助有困难的农民销售农产品。7年多的时间里，他们走遍了祖国的大江南北，给无数农民兄弟送去了温暖。目前在全国范围内已帮扶的县已经达200多个。甚至还有很多的年轻人，在被他们手把手教会直播以后，加入了“家乡来客”，跟缪杰一起去帮助当地更多的人。

20. 田家四姐妹。

平台：淘宝村播、天猫、抖音、快手等

田家四姐妹中有两位80后，两位90后。2015年创办了烟台市田+电子商务股份有限公司，开始在淘宝做农产品电商。四姐妹分工明确，大姐田春影负责整个运营；二妹田冬影负责新媒体及直播；三妹田俊影负责选品、品控、产品包装及发货；四妹田汶鑫负责各渠道和平台对接及售后。2019年，四姐妹幸运地赶上了直播的风口，她们花费大量的精力在直播上。一个月22场直播，每场直播不低于3小时。她们专门学场控等直播技巧，渐渐地掌控了自己的直播阵地。创业近7年，目前四姐妹的产品包括海鲜类、水果类、果干加工类、果茶类、葡萄酒类等8 大类目，涉及山东十六地市优质农产品，在多个网络渠道销售。

21. 华医生。

平台：淘宝　ID：138554509　原名：刘建国　粉丝数：8.8万

华医生本名刘建国，江西人，淘宝知名的农民主播。2003年淘宝网建立时，华医生就成了第一批淘宝人。2019年直播来临时，又坚定地加入淘宝直播“村播计划”，也是第一批加入“村播计划”的主播之一。作为一名职业村播，华医生夫妻俩的日常是在直播间推广农土特产及相关产品。华医生的直播时间是早上9点一直到晚上12点，每天十几个小时的直播，几乎记录着这位村播一整天的生活。

如今，在他的带动下，贵州省遵义市习水县走出了20个农民主播。

22. 乡村农人小眼哥。

平台：淘宝　ID：139361621　原名：沈律　粉丝数：8万

“乡村农人小眼哥”原名沈律，浙江人，曾经开了五年女装网店。2019年，当李佳琦直播带货红遍全国时，沈律决定从传统电商转型到直播带货的新型电商上来。因为新疆有非常好的农特产资源，一年四季不缺直播题材，所以沈律将直播基地扎根在了新疆。

沈律在哈密戴着草帽直播哈密瓜；在吐鲁番的葡萄架下直播一串串葡萄；在阿克苏红旗坡农场果园里摘下苹果切成片，让观众在镜头里见证什么是真正的冰糖心……，原产地的概念在“小眼哥”的直播间展现得淋漓尽致。如今沈律平均每天直播4小时以上，最长连续直播12小时以上。在新疆直播带货一年多，销售额近千万元。

23. 张银杰。

平台：拼多多　ID：以果感恩官方旗舰店　粉丝数：55.7万

张银杰，一个对新疆如数家珍的地道河南人，凭着两地农货缔结起一条从东边到西边的“丝绸之路”。2015年起，张银杰开始接触电商。2016年，他正式在拼多多运营。不到三年，销售额近2亿元，获拼多多平台2018年度“优质商家奖”。身在河南中牟县的张银杰不仅经营大蒜生意，旗下还有众多新疆特色农产品，库尔勒香梨、阿克苏苹果、新疆核桃和葡萄干都摆在他的办公桌上。拼多多平台联合当地政府的助农直播活动对张银杰的帮助也很大。

24. 土家小木。

平台：西瓜视频　ID：土家小木　原名：牟佳木　粉丝数：153.7万

和其他主播不同，土家小木的创作内容是以中视频为主，小木所拍摄的视频很长，足有七八分钟。拍摄的内容以山村农家生活为主，有山村风光，有家长里短，有特色美食，还有四季农活……正是这种平凡的农村生活，拨动了观众心中关于家乡记忆的心弦。土家小木主要以优质的视频内容获得平台补贴，以及特色农产品电商的方式进行变现。

如今，小木不但自己火了，还带火了整个“土家军”。土家老鹅、土家佳乐、土家九根、土家老鸭、土家阿杰、土家阿环、小木表哥矩阵账号，还带动包括土家小伟、土家四表哥、小敏、杰嫂、汉哥、燕子四季、土家舅娘、小胖妞妈妈、瑶家小丽等数个周边账号。小木成了当地致富的榜样。

附录5 农村直播电商的专有名词

每个行业都有自己特定的语言和专有名词，这些名词其实就是语言的简化，就像我们的成语一样，熟练地使用这些名词术语既节约了时间，提高了效率，又让对话显得更专业和简洁。

1.GMV。

在电商领域里，最常见的一个数据指标即商品成交总额GMV（Gross Merchandise Volume），GMV只是一些电子商务平台常用的一种称呼，像淘宝、京东、天猫等知名电商，常常用GMV代指网站的成交金额，主要包括付款金额和未付款的。通俗来说，我们平时网购时会进行下单，产生的订单中往往会包括付款订单和未付款的订单，而GMV统计的指标就是其二者之和。利用GMV可以进行交易数据分析，虽然GMV不是实际的购买交易数据，但同样可以作为参考依据，因为只要你点击了购买，无论你有没有实际购买，都是统计在GMV里面的。所以，可以用GMV来研究顾客的购买意向，顾客买了之后发生退单的比例，GMV与实际成交额的比例等，类似于百度统计里边研究的用户黏度。

GMV（成交总额）是衡量平台竞争力（市场占有率）的核心指标。一般电商平台GMV的计算公式为：GMV=销售额+取消订单金额+拒收订单金额+退货订单金额，即GMV为已付款订单和未付款订单之和。

决定GMV的主要有两个因素：一是用户平均质量流量指标（用户数等）；二是转化指标（App对用户生活的渗透率）。

2.DAU。

日均活跃用户数量（Daily Active User，DAU）是用于反映网站、互联网应用或网络游戏的运营情况的统计指标。日活跃用户数量通常统计一日（统计日）之内，登录或使用了某个产品的用户数（去除重复登录的用户）。受统计方式限制，互联网行业使用的日均活跃用户数指在统计周期（周/月）内，该App的每日活跃用户数的平均值。

通常DAU会结合MAU（月活跃用户数量）一起使用，这两个指标一般用来衡量服务的用户黏性以及服务的衰退周期。

日均活跃用户数用于比较App端或小程序端活跃用户的规模，多应用于衡量中国移动互联网垂直行业发展中关注时间段内App或小程序日均活跃用户数的变化，或观察电商6·18、“双十一”等节假日期间用户规模的变化。

MAU、DAU分别从宏观和微观的角度对服务的用户黏性做了权衡，也可以这么说，MAU更像战略层面的表征，DAU更像战术层面的表征。通过这些宏观和细微的趋势变化，可以对营销及推广提供一些数据支持或者帮助。

3.SKU。

SKU=Stock Keeping Unit（库存量单位）。即库存进出计量的单位，可以是以件、盒、托盘等为单位。SKU是对于大型连锁超市DC（配送中心）物流管理的一个必要的方法。现在已经被我们引申为产品统一编号的简称，每种产品均对应有唯一的SKU号。

有时SKU也指单品。对一种商品而言，当其品牌、型号、配置、等级、花色、包装容量、单位、生产日期、保质期、用途、价格、产地等属性与其他商品存在不同时，可称为一个单品。

SKU指一款商品时，每款都有出现一个SKU，便于电商品牌识别商品。一款商品多色，则有多个SKU，如一件衣服有红色、白色、蓝色，则SKU编码也不相同，如相同则会出现混淆，发错货。

4.DOU+。

所谓DOU+，实际上就是通过花钱买流量，提升视频曝光度的工具，可以给自己投DOU+，也可以给别人投DOU+，人人都可以参与，使用起来也非常方便。

“视频DOU+”是一款为抖音创作者提供的视频加热工具，

不仅能高效提升视频播放量与互动量，还能提升视频热度与人气，吸引更多的兴趣用户进行互动与关注，实现提升视频互动量、增加粉丝关注等目标。除了能给自己的视频投放DOU+加热，还可以为他人视频进行DOU+加热。通过手机端即可操作。

“DOU+直播上热门”是DOU+服务中的一种，是一款为抖音主播提供的直播间加热工具，能够增加直播间的热度、曝光率，从而带来更多观众进入直播间，帮助商家解决直播间人数少、粉丝量少和冷启动等问题。目前有两种加热方式：直接加热直播间和视频加热直播间。

5. 粉条。

粉丝头条简称粉条，它的作用就是推广视频。粉丝头条作为“快手生态的加速器”和“商业价值的放大器”，快手粉条成为连接快手生态的关键产品之一。“快手粉条打通了人、流量、业态三大链接，通过作品推广、直播推广、智能推广三大场景，以及精准的人群洞察能力和多样化消费服务能力，与快手生态中包括普通老铁、原生达人、快手商家、品牌广告主、合作服务商在内的每一位用户实现共生、共赢。”

6. 千川。

巨量千川为小店商家广告搭建、广告投放的一体化平台，独立于DOU+、巨量引擎的账号体系和资金池。支持直播、短视频多种带货方式，支持移动端和PC端双端投放。千川最大的特点就是融合了原有巨量引擎、DOU+两大投放场景，让商家一体化、一站式地完成多个平台的营销推广需求。不用像之前一样，投放不同的场景要登录不同的账号。

此外，以往在巨量引擎，更偏向支持“强营销弱内容”推广，在DOU+偏向支持“强内容弱营销”，巨量千川将流量整合，扩大流量池。

目前分成三个版本：PC端依据投放自动化程度分为专业推广和极速推广，移动端为小店随心推。通过三个版本的差异化牵引，带动商家的电商营销从入门到精通。

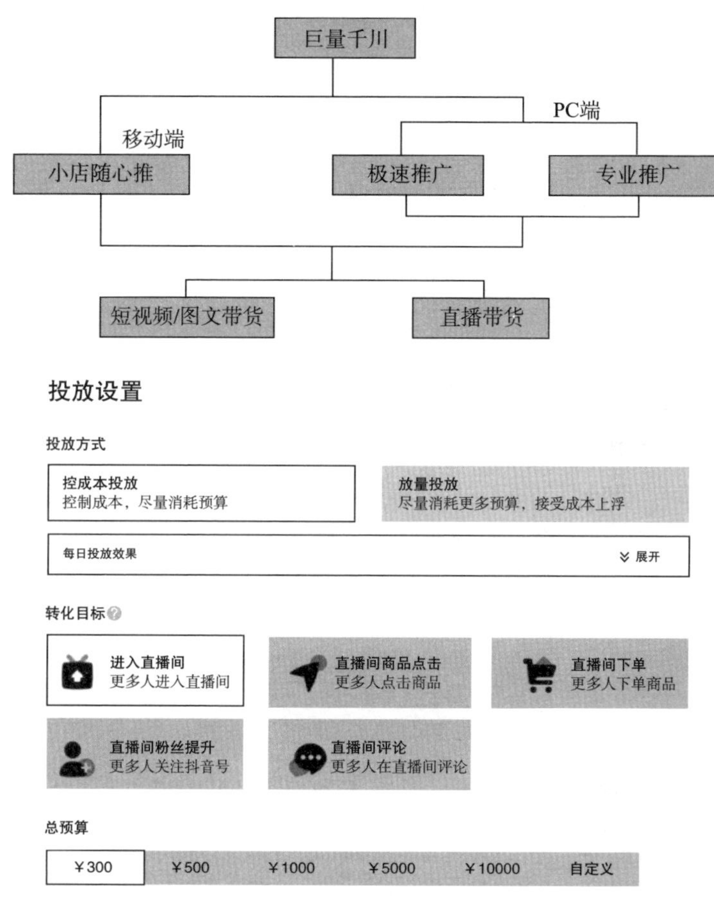

7. 巨量引擎。

巨量引擎（Ocean Engine）是字节跳动旗下综合的数字化营销服务平台，致力于让不分体量、地域的企业及个体，都能通过数字化技术激发创造、驱动生意，实现商业的可持续增长。它整合了今日头条、抖音、西瓜视频、懂车帝、Faceu激萌、轻颜、皮皮虾、穿山甲等多元产品的营销能力。

巨量引擎以内容为起点，以GMV为终点搭建完整的营销链路，为新锐品牌提供一站式解决方案，并凭借在用户、内容和渠道层面的强大势能，构建出Cover（品牌用户广覆盖）、Catch（口碑内容触达心智）、Convert（渠道转化）的营销模型，帮助新锐品牌抓住增长机遇，助力新锐品牌“C”位出道。

8.磁力引擎。

磁力引擎是快手商业化营销服务平台，作为共生商业的实践者，致力于践行产品和技术的平等赋能，为现代商业打造兼顾公域吸引力和私域吸附力的共赢生态，让品牌、商家、用户、创作者发挥更大的营销价值。

9.小店随心推。

小店随心推是将DOU+的原始电商场景和巨量千川整体规划相融合，为创作者、腰尾部商家（特别是自主客户）提供原生环境、自主的流量解决方案，致力于成为超长尾商家电商营销的启蒙工具。

和原DOU+的差异是，小店随心推暂不支持移动端充值和转账。